CPR
哲学评鉴

哲学评鉴

认知、结构与规范

《哲学评鉴》编辑委员会 编

CHINESE PHILOSOPHICAL REVIEW

Cognition, Structure and Norms

上海社会科学院出版社
SHANGHAI ACADEMY OF SOCIAL SCIENCES PRESS

《哲学评鉴》编辑委员会

前　言

自 19 世纪末以来，中国在迈向现代化的大潮中，创立了新式大学与诸学科门类，哲学与相关学科也得以设立与发展。今日，中国已然成为世界哲学研究者汇聚之地，哲学从业者超 5 万人。然而，与庞大的从业人数不相匹配的是学术思想原创性不足，特别是缺少具有世界影响力的学术成果。一个繁荣、有创新力的学术共同体有赖于健康的学术生态，而健康的学术生态则有赖于公平、公正的学术发表机制。

我们认为，一个基于国际通行学术评审标准的学术发表平台，能够更好地促进中国哲学界树立严格的学术标准，促成单纯以学术质量评判论文的风气；一个以专业领域前沿学者为主体的编辑和审稿团队，能够更好地保障学术探讨的专业性，识别论文的原创价值，鼓励按照学术研究自身逻辑的创新。

秉持上述信念，《哲学评鉴》编辑委员会自 2020 年 4 月开始筹办这样一份集刊，并遵行如下原则：

第一，平等对待所有投稿作者。不论投稿者是本科生、研究生、青年学者、资深教授，还是社会人士，也不论投稿者是否有基金和项目支持，我们均同等对待，仅以稿件的学术质量作为判定标准。

第二，严格实行三盲评审制度。所谓“三盲”，是指在论文发表前，作者与责任编辑、作者与审稿人相互不知道对方身份。

第三，邀请专业学者评审稿件。所谓“专业学者”，是指论文所涉及的细分领域的专家，比如规范伦理学、生物学哲学、宋明理学，而非更宽泛意义上的伦理学、科学哲学和中国哲学。

第四，鼓励建设性的评审意见。我们建议审稿人多给论文提出有助于作者改进论文的具体意见或建议，而非仅仅指出论文的缺点和不足。

《哲学评鉴》线上发表平台创办两年以来，共收稿242篇，有11篇论文通过评审。《哲学评鉴》以严格的三盲评审制度和高质量的评审意见收获了良好的学术声誉。在学界同行的鼓励之下，编委会决定在创刊两年之际，推出《哲学评鉴》纸质版第一辑，设立《论文》《综述》《书评》《评审与修订》4个栏目。

《论文》栏目从通过评审的11篇论文中，按照主题与研究领域选录其中5篇。

《综述》栏目邀请国内优秀学者就某个经典或前沿问题，介绍国内外研究现状，本辑收录2篇关于知识论问题的综述。

《书评》栏目介绍国内外近期出版的哲学著作，提供有价值的学术批评，本辑收录2篇书评。

《评审与修订》为《哲学评鉴》特色栏目，本栏目秉持如下理念：好的论文诞生于不断的修改打磨。本辑摘录一组作者原始稿件、评审人修改意见、作者回应与相应的修改，以彰显匿名评审对提升论文质量的帮助。

《哲学评鉴》的日常运行与顺利出版仰赖编委会全体成员的大

力支持以及学界同仁的鼎力相助，在此特别表示感谢！衷心期望大家继续支持《哲学评鉴》，共同推进我们热爱的哲学事业！

《哲学评鉴》编辑委员会

2022年5月1日

目　录

评审与修订

论　文

反驳“错误理由”怀疑论[1]

周　宇[2]

摘　要：错误理由问题是困扰价值转移说明的主要问题之一。错误理由的怀疑论者认为，从根本上说，这类理由并不存在，存在的只是关于对象态度的高阶理由。他们的主要论证要么由于乞题而循环论证，要么由于不够全面而留下诸多反例，要么由于概念的混淆而不够有力。这种怀疑论思路本身也不具备难以割舍的理论吸引力。因此，直面价值领域中的错误理由问题是更好的选择。

关键词：错误理由；高阶理由；基础理由；价值转移说明；价值理论

一、引言

想象一下下列情形：

例 1　教堂里，一位牧师慷慨激昂地说：“如果虔诚地相信上帝

1　收稿：2021 年 4 月 4 日；首次修回：2021 年 10 月 11 日；录用：2021 年 11 月 16 日。

2　周宇，中山大学哲学系博士研究生，主要研究元伦理学中的价值理论。电子邮箱：pczhouyu@gmail.com。

存在，死后有可能灵魂不朽，继续在天国享受极乐。即使上帝不存在，我们也无须为这个信念付出任何代价。那有何理由不去相信上帝存在呢？”

例 2 布告栏里，一位亿万富翁贴出通告：如果有人愿意喝下一杯毒酒，那么就能马上获得 100 万元的现金奖励。

例 3 小王在池塘边捡到了一个造型古怪的老旧油灯，稍加擦拭之后，一个面目可憎的恶魔跳出来大喊：“如果有谁不喜欢池塘里的淤泥，我就把他带回灯内狠狠地折磨他。”

面对这些情形，[1] 是否有理由去相信上帝存在、去喝下毒酒或是去喜欢淤泥？通常来说，这里的答案是肯定的。因为人们一般认为，这些事实——牧师的布道陈词、富翁的通告和恶魔的威胁——为采取那些行动提供了某种辩护。然而，在当代元伦理学的讨论中，这些理由却令价值领域中的“价值转移说明（Buck-Passing Account of Value）”蒙上了阴影。[2] 根据价值转移说明，对价值的阐释需要以理由为基础，概要地说，一个东西之所以有价值，当且仅当任何主体都有充分的理由去支持（count in favor of）它。[3] 由于这种说明不仅可以让价值概念摆脱过于神秘的责难，也为理由和价值间的紧密关联提供了一个简单直接的解释，因此近来受到了许

1 这些案例分别借用自 Pascal，1910；Kavka，1983；Crisp，2000。

2 需要说明的是，在许多文献中，价值转移说明和关于价值的“合宜性态度说明”（Fitting-Attitude Accounts of Value）是可互换的。不过在我看来，前者应该被视为后者的一个主要子类而不与后者等同，因为后者不单单包含以理由为基础的价值理论，也可以包含像以“合宜性（fittingness）”为基础的价值理论。相似的观点可参见 McHugh and Way，2016；Howard，2019。

3 这里的“支持”广义地指代所有正向的评价性态度（evaluative pro-attitude）。另外，虽然价值转移说明的支持者们可能在具体的定义细节上有所分别，但这些细节不会影响本文的论点。对于价值转移说明的详细讨论，可参见 Suikkanen，2009；Rabinowicz & Rønnow-Rasmussen，2004。

多伦理学家的欢迎。但在上面那些情形中，即便行动者有充分的理由“喜欢”淤泥、“愿意”喝毒酒，这些事实却没有相应地让“淤泥”或是“喝毒酒”变得有价值，相反，我们更愿意承认这些对象或行动本身毫无价值甚至是糟糕的。因此，相当明显地，这些理由构成了对价值转移说明的一类反例，为了说明这个问题，关心它的哲学家通常把这类与价值无关的理由（non-value-related reason）称为“错误理由（wrong kind of reason）”，从而把它与那些真正和价值相联系的理由（value-related reason）或“正确理由（right kind of reason）”区分开来。

不难看出，错误理由问题的实质在于指出并非所有理由都与价值相关，所以一种以理由为基础的价值理论必须把错误理由排除出价值领域，从而让理由和价值间的关联得以维持。对于错误理由问题，其中一种解决方案是直接质疑错误理由在价值领域中存在的可能性，这类回应也可以看作对错误理由的怀疑论。错误理由的怀疑论者认为，在错误理由情形中，理由的真正对象不是无价值的事物本身，而是对此事物持正面态度这个事态，与此同时承认这个事态拥有价值不会违反经验常识。如例3，怀疑论者坚称，“淤泥”不是小王有理由去喜欢的对象，她真正有理由喜欢的只有“喜欢淤泥”这个事态。方便起见，我们可以把直接指向事物本身的理由称为“基础理由（primary reason）”，而把指向此事物的整个事态的理由称为“高阶理由（higher-order reason）”。简单来说，在怀疑论者看来，错误理由问题至多只是混淆了理由的真正对象，而不会对价值转移说明构成威胁。为了说明这一点，怀疑论者做出了多番努力：首先，帕森（Ingmar Persson）主张如果证实在错误理由情形中，只有高阶理由可以满足“回应性条件（response condition）”，那么错误理由就理所当然地消失了；其次，帕菲特（Derek Parfit）指出怀疑论可以提供比错误理由理论更具吸引力的解释，因此错误理由即使有存在的可能也不应该被引入讨论；另外，罗兰德（Richard Rowland）认为只需指出错误理由在价值领域中缺乏存在的可能，价值转移说明就能轻松摆脱错误理由问题的干扰。[1] 总之在他们眼里，错误理由之所以会被误认为存在，其原因只是在于高阶理由很容易被误置到基础理由的范围。

本文试图反驳错误理由怀疑论，这不仅是因为怀疑论者的主要努力都不够成功，而且是因为这种怀疑论路线不像他们所认为的那样具备吸引力。本文的论证安排如下：首先依次论述上述三类怀疑论论证的缺陷，其中第二部分讨论帕森的“回应性条件”论证，第三部分考察帕菲特发展的对错误理由的多项反驳，第四部分关注罗兰德的“因其本身性”论证。然后在余论部分简要讨论错误理由怀疑论的主要吸引力，并指出这种吸引力可以被合理地质疑。因此，对价值转移说明的支持者来说，放弃错误理由怀疑论才是一项明智之举。

二、“回应性条件”与错误理由

对错误理由的怀疑论者而言，他们理论的难处并不在于证明在错误理由情形中存在针对事态的高阶理由，而是在于如何解释在那些情形中只能存在高阶理由（Cf. Danielsson & Olson，2007:

1　本文讨论的这些理论不包括所有尝试。例如，威（Jonathan Way）试图从理由的“传递性（transmission of reason）”入手来说明在错误理由情形中存在的其实是高阶理由，参见 Way，2012。不过对于这种做法，已经有学者给出了有力的批评意见，因此本文不再涉及，详见 Howard，2016。

513–514；Rabinowicz & Rønnow-Rasmussen，2004：413–414）。因为相当自然的是，如果某个事实为主体提供了喜欢某个事态的理由，那么主体也有理由按这个事态的要求行动。考虑一下玫瑰的例子：假设玫瑰花香会让我感到舒适惬意，这个事实构成了我喜欢闻玫瑰的理由。如果此时我手里恰好有一朵玫瑰，那么我自然也有去闻这朵玫瑰的理由。在这里，花香为我带来的舒适感受不仅让我对“闻玫瑰”这个事态有喜欢的理由，而且让我对“玫瑰”这个事物有闻的理由。换言之，怀疑论者真正需要澄清的是，如果对于“喜欢淤泥”这个事态，小王有喜欢它的理由，那么她为什么没有理由按照这个事态的要求行动——去喜欢“淤泥”这个事物呢？

在帕森看来，解决这个困难最简单的方法莫过于为理由补充一个清晰的标准。如果错误理由不能满足这个标准，那么它自然就失去了存在的条件。帕森指出，理由都应该满足“回应性条件”，概要地说，它们都应该可以直接被行动本身所回应，从而让这个行动变得可证成（justifiable）。相较之下，在错误理由情形中，理由与行动之间的关系是间接的，它们需要一些中介才能够证成这个行动（Persson，2007：5）。因此，由于错误理由没有满足“回应性条件”，所以其实并不存在。

关于“回应性条件”，帕森从认知性理由——与真相关的理由——着手阐明，对此不妨回到例 1，在那里，相信上帝存在的理由是这样做有灵魂不朽的可能。但在帕森看来，由于相信上帝存在这个信念不是基于理由的整个推理过程的结论，从而无法通过这个理由被恰当地证成，因此这个理由不满足“回应性条件”。帕森指出：“当且仅当我们的信念是经过一系列确信有效的推理过程（虽然它不需要实际有效）并且是从确信为真的前提（虽然它们无须是真的）

下推出的（直接）结论，我们才能拥有一些我们视为（直接地）证成了这个信念的认知性理由。”（2007：5）所以在他看来，这里能够满足“回应性条件”的是像“自然界显示出了一些其有被精妙设计过的清晰讯号”这类理由，因为我们可以凭借它们更加恰当地得出要相信上帝存在这个结论。就此而言，“回应性条件”构成了理由的一个基本标准，由于无法通过它，错误理由失去了作为理由的资格。

然而，高阶理由可以顺利通过“回应性条件”。这个推理过程可以简述如下：如果相信上帝存在有可能灵魂不朽，而我们又希望可以灵魂不朽（正如大多数人一样），那么自然我们也希望可以相信上帝存在。因此帕森认为，由于我们在那里只能推出想要相信上帝存在的结论，而无法得出要相信上帝存在的结论，所以错误理由情形中的理由其实只是针对事态的高阶理由。

但帕森还需解释更多，因为如果在例 1 中完全没有理由去相信上帝存在，那么在那里拥有“上帝存在”这个信念就会是荒谬的或非理性的。但事实并非如此，因为基于“相信上帝存在有可能灵魂不朽”这个信念而切实拥有上帝存在这个信念不仅在日常生活中相当普遍，而且它也与能被证伪的非理性行为（如相信 2+2=1）相去甚远。因此帕森有必要说明，如果在错误理由情形中只存在针对事态的高阶理由，那么我们又是如何合乎理性地去实现这个事态（如相信上帝存在）的呢？对此帕森解释说，没有错误理由不代表完全没有理由，因为那里虽然不存在错误理由，但仍然有可能存在一些别的基础理由来充当高阶理由的中介（2007：5）。[1]举例来看，“灵

1　这些潜在的基础理由与错误理由的主要区别在于前者是私人理由，而后者是所有理性生物共享的理由。在这里，充当中介的基础理由不是来源于“灵魂不朽”这个信念，而是可以来源于各种各样的私人经验。

魂不朽”是想要相信上帝存在的理由，为了满足这个欲求，我们可能会有意无意地寻找一些支持上帝存在的基础认知性理由（如有奇迹发生等），从而持有这个信念。基于这种解释，帕森既可以保留不存在错误理由的结论，又能够解释“如何通过高阶理由合理地持有相信上帝存在的信念”这个问题。

即便成功回应了上述问题，帕森的论证仍然不够完整，因为“回应性条件”中的“证成性”和“有效推理”等概念尚有待阐明。就认知性理由而言，帕森指出：“当一个信念的认知性理由在某种意义上证成了这个信念时，这意味着它对这个信念的真提供了支持或使其变得可能。一个有效的理论推理是说它是‘存真的（truth-preserving）’：如果它的前提是真的，那么它的结论也会是真的。”（2007：7）不难发现，帕森对于这两个概念的解释都极度依赖真概念。换言之，只有对真概念本身有所认识，才能借由它进一步去分辨理由是否满足了“回应性条件”。相比认知性理由，帕森对与评价性态度相关的实践理由的解释显得更加谨慎。他指出，这是因为对实践理由的“回应性条件”所依赖的“实践证成性（practical justification）”概念和有效的实践推理（practical reasoning）的解释更加困难（2007：7）。帕森借用高阶理由的例子指出，对于实践推理存在一些“直觉理解（intuitive understanding）”。具体说来，因为在高阶理由的案例中，想要相信上帝存在的理由来自“想要灵魂不朽”这个欲求以及“相信上帝存在有可能灵魂不朽”这个信念，所以一个有效的实践推理需要从一个可证成的欲求和一个真信念出发进而证成另一个欲求（Persson，2007：7）。因此在帕森看来，实践推理最终还需依赖“实践证成性”概念，只有阐明了这一点，我们才能以“回应性条件”为依据把错误理由逐出价值领域。

但对于“实践证成性”概念，帕森却没有多做解释。他只是简单地推定，在例3中，“喜欢淤泥能够逃避折磨”不是去喜欢淤泥的理由，因为以这个信念为前提无法推出去喜欢淤泥的结论（2007：7–8）。但这个明显出自个人直觉的结论对于旁人理解“实践证成性”概念几乎没有帮助，因为与认知推理相对清晰地把辨认推理是否成功的标准归结为真相比，实践推理仍然缺乏一个相应的标准。就此而言，帕森需要面对的挑战是如何为“实践证成性”概念提供一个较为清晰的说明。对此帕森可能首先回应称，这种要求对他而言不够公平，因为这个概念来自“直觉理解”进而无法具体解释。但这个回应并不恰当，它的缺点不仅仅在于有可能令“实践证成性”概念陷入神秘，而且更重要的是，这种直觉至多只能被视为一种个人观点，因为至少对于那些坚持认为存在错误理由的人而言，帕森的这种直觉是难以理解的。换言之，如果帕森坚持不加解释地用个人观点来理解“实践证成性”，那么这种理解在很大程度上只能被视作粗糙随意的。因为即便这个概念本身不可解释，帕森仍然有必要为他的直觉为什么能够成立提供一些额外说明。

当然，帕森还可以通过类比“认知证成性”来阐明“实践证成性”这个概念。在他看来，对于前者，它需要能够支持我们所持的信念是真的，即能够增加信念的真实性；对于后者，它需要的可能是能够支持我们所持的欲求或评价性态度是“值得欲求的”，即能够增加欲求的可欲求性。这个回应虽然给出了对“实践证成性”的解释，但它却倚仗于“值得欲求的”这类明显的价值概念。根据这种解释，分辨实践性基础理由的前提是要对价值概念本身有所认识。具体来说，当某个实践理由让持有某种评价性态度是“值得欲求的”时，这个理由才通过了“回应性条件”。这显然无法令人满意，因为错误理由问题本就旨在批评一种基于理由的（reason-based）价值理论（如价值转移说明）不恰当地扩大了价值的范围，所以毋庸置疑的是，如果理由本身尚且需要借助“价值”才能得以辨识，那么这种价值理论在根本意义上就是不合适的。因此，如果想要为价值转移说明进行辩护，那么对理由的解释应该独立于“价值”。

至少就目前而言，帕森对错误理由的批评不够成功，因为他虽然在表面上依靠“回应性条件”证明了不存在错误理由，只存在针对事态的高阶理由（及潜在的充当中介的基础理由），但帕森的论证建立在模糊的“实践证成性”概念上。通过考察可以发现，这个概念要么可能归于个人直觉而显得结论武断，要么和价值概念紧密关联，从而可能落入循环论证的困难。而对帕森来说，要摆脱上述指责绝非一件易事。

三、非自愿回应与自相矛盾的错误理由

和帕森的思路类似，帕菲特也试图证明错误理由——或者用他的术语来说，“情境赋予的理由（state-given reason）”——不能满足理由的某些标准特征，从而在根本上不具备存在的正当性。但帕菲特同时发展了一种更弱的主张：在他看来，错误理由理论之所以应该被放弃，是因为错误理由怀疑论已经为错误理由情形提供了更加简洁因而也更具吸引力的解释。[1]因此，即使错误理由能够克服困难证明自己

1 感谢《哲学评鉴》审稿人提醒我这一点。

具备存在的可能性，它也会因为缺乏吸引力而被拒绝引入。

首先，帕菲特认为，回应理由的方式在很大程度上是“非自愿的（non-voluntary）”（2011：48，421）。例如，数学上的诸多证据提供了不去相信 2+2=1 的理由，一旦认识到它，我们马上会以一种非自愿的方式通过不去持有这个信念来回应上述理由。但对于“相信 2+2=1 可以避免折磨”这样的错误理由，我们通常不会为了回应这个理由而立即无法控制地去持有“相信 2+2=1”这个信念，反而会在意识到它后主动自愿地去寻找持有该信念的理据（Parfit，2011：420）。在帕菲特看来，这是因为在错误理由情形中，它实际上只是在要求行动者尽可能地令自己相信它（2011：421–423）。他据此指出，错误理由情形中的理由与其说是持有某种信念的理由，不如说是想去持有某些有益的信念并尽可能地让自身去持有它们的理由（cause ourselves to have them，if we can）（2011：423）。[1]

其次，帕菲特强调，对错误理由的回应也无法通过经验上的“合理性（rationality）”检验（2011：424）。概言之，当行动者意识到了某种决定性的理由却不去回应，那么他在合理性上有所缺陷，例如小杨接受了数学教育却不去相信 1+1=2，那她的行为是不合理的。但在错误理由情形中，情况却并非如此。如果小李清楚地意识到相信 2+2=1 可以避免折磨但仍然选择不去相信它，就此批评她不够理性明显是荒谬的。在帕菲特看来，对此唯一合理的解释是错误理由根本不存在（2011：424）。

另外，在理由的可比性上，错误理由也显得难以招架。帕菲特

---

1 从经验上看，暴君的威胁固然无法让我们立即有理由非自愿地相信“2+2=1”，但我们确实有理由非自愿地想要“相信 2+2=1”。所以如果在错误理由情形中存在的其实只是高阶理由，那么对它们的回应可以满足非自愿性这个标准。

指出，当两种理由是对相同问题的不同回答时，那么它们可以进行比较（2011：425）。例如，风景秀丽是我前往北京的理由，而路途遥远是我不前往北京的理由，通过衡量它们各自的强度，我可以对“我是否更有理由前往北京”这个问题做出判断。就此而言，如果承认存在错误理由，那么像“因为避免折磨而相信 2+2=1”和“因为数学知识而不相信 2+2=1”这些理由都是对同一个问题——我是否更有理由相信 2+2=1——的回答，因此它们也应该可以比较。但它们二者似乎不具备进行严肃比较的可能，因为后者在这个问题上明显构成了一个更为“标准”的理由，所以即便前者的强度明显高于后者，据此得出我更有理由相信 2+2=1 也会显得十分荒谬。对此，帕菲特认为，这是因为在这两种情形中存在的理由本就不是针对相同问题的不同回答，而是对不同问题的不同回答（2011：426）。具体来说，在前一种情形中根本不存在错误理由，而只存在想要“相信 2+2=1”这个事态的高阶理由，它针对的是“我最有理由想去相信什么”或“我最好相信什么”这个问题；而后者针对的才是“我最有理由相信什么”这个问题。换言之，在帕菲特看来，在可比性问题上，放弃错误理由为它提供了一个简单直观的解释，而错误理由怀疑论的反对者则仍然缺乏对这个问题的说明。[1]

1 需要注意的是帕菲特结论中的两个维度：第一个是他的对手可能无法提供一种能够容纳错误理由的解释；第二个是承认错误理由的存在不能在这里提供一个更好的解释。对于第一个问题，他的对手可以通过一种类似于密尔区分快乐的“质”和“量”的说明方式来加以解释。概要地说，在这个例子里，如果把两种理由看作动机来源不同的两类理由：前者来源于行动在实践上的价值属性，后者来源于行动的认知属性，而它们要回答的问题本身已经内在地包含了认知属性；由于后者来源与问题本身在认知属性上的统一性，因此后者是回应此问题的更“标准”理由。帕菲特的对手们可以说，这里错误理由与一般理由间并非缺乏比较，只是它们二者的比较没有体现在理由的强度上，而是体现在理由与问题之间的内在关联性上。对于第二个问题，我会在下文详细讨论。

帕菲特认为，可比性问题还可以自然延伸到针对评价性态度的实践性错误理由。考虑一下“想要被杀可以避免折磨”这个情形，帕菲特指出，试图避免痛苦表面上充分赋予了行动者想要被杀的错误理由（2011：428–429）。但进一步看，它也隐蔽地为行动者提供了不想被杀的理由，因为相比折磨而言，被杀会带来更大的痛苦。据此，假设错误理由确实存在，那么“避免痛苦”会成为指向两个互相冲突的行动的理由。换句话说，“避免痛苦”让行动者既想被杀，又不想被杀，从而陷入一种自相矛盾的境地。在帕菲特看来，错误理由怀疑论可以完美解决这种矛盾情形（2011：430–431）。因为根据这种方案，它们可以通过转换成对不同问题的不同回答，从而避开矛盾：在这里，我最有理由持有的欲求是“不想被杀”，但我最有理由想要去持有的欲求是“想要被杀”。据此，帕菲特的结论是错误理由并不存在，它们只是高阶理由。

但帕菲特的论证既不足以驳倒错误理由，也无力单凭高阶理由为错误理由情形提供一个足够完整的解释。第一，从可比性问题来看，帕菲特在这里的论证缺乏足够的说服力。我们不妨从破坏力更强的实践理由领域开始，帕菲特在此以举例的方式论证实践性错误理由会陷入自相矛盾的窘境，而辨别这种推理是否恰当的关键在于其例示是否具备典型性，即至少那些与推出结论相关的例示特征是否可以被所有实践性错误理由所共享。如果不满足这一点，论证结论就会因为以偏概全而失去有效性。帕菲特论证的缺陷也恰恰在此，因为对于实践性错误理由而言，他在论证中所诉诸的那种比较上的自相矛盾实际上并不普遍。

要阐明这一点，对理由概念本身进行考察极其必要。关于理由概念，一个受到广泛支持的观点是：对于某人而言，一个去做某事 A 的理由至少意味着某人出于这个理由去做 A 是可能的（Raz，2011：27；Rowland，2015：1463；Williams，1981：106）。换言之，对于一个要求我们去做出某种行动的理由来说，这种行动至少要能够被做出。举例来说，小张因为喜爱鸟类而希望在生物学的意义上长出一对翅膀。在这里，小张喜爱鸟类的这个事实显然不会是她要长出一对翅膀的理由，因为这个行为本身超出了我们的能力范围，因而是不可能的。[1] 回到帕菲特的例子，“避免痛苦”和“想被杀死”在本质上是互相矛盾的，这意味着出于“避免痛苦”这个信念而想被杀死（由于其矛盾性）是不可能的。就此而言，这个案例在最基础的意义上就不满足理由的标准，因此当然不存在这类理由。但帕菲特试图借此案例指出所有实践性错误理由都不存在却相当危险，因为并非所有错误理由都是本质上互相矛盾的。对此不妨考虑一下例 2，在那里，金钱为我提供了愿意喝下毒酒的理由，而酒的毒性为我提供了不愿意喝下毒酒的理由。首先，由于金钱没有内蕴不愿意喝下毒酒的理由，因此它们不会是自相矛盾的；其次，在这种情形中，权衡它们的强度固然是个艰难的任务，但这并非毫无可能：如果酒的毒性很弱，那么行动者有理由去愿意喝下毒酒就是合乎理性的。因此，坦率地说，帕菲特对实践性错误理由的直接反驳不够成功。

---

1 对此一个简单的反驳是超出能力范围的行为也可以拥有理由，像是人类的基因突变可以构成生物学意义上长出翅膀的理由。但这里需要区分解释性理由（explanatory reason）和规范性理由（normative reason），因为“基因突变”在严格意义上纯粹只是解释（explain）了为什么会长出翅膀，而没有证成（justify）为什么应当长出翅膀。关于理由的解释性维度和规范性维度的区分，可参见 Williams，1981：102–103；Dancy，2000：5–6。

第二，在“非自愿性”问题上，帕菲特也难以排除错误理由存在的可能性，因为想象一种对错误理由的“非自愿”回应并不困难。正如已经提到的日常案例，不少人会基于“相信上帝存在有可能灵魂不朽”这个信念而因此相信上帝存在，但这里很难发现主体主动介入寻找认知性理据的痕迹。帕菲特对此的解释是，这里的介入过程并未缺席，只是因为过于自然而被忽视了（2011：423-424）。因为在他看来，这个中介过程在很多时候对我们来说就像试着接住不小心掉落的笔或是在跌倒时双手护住头部一样，是一种近乎本能的自然反应。值得注意的是，帕菲特在这里的策略不是直接从正面否定错误理由存在的可能性，而是试图指出如果错误理由怀疑论足以为上述情形提供一个完整的解释，那么错误理由即使有存在的可能，也没有存在的必要。

类似地，回到可比性问题，帕菲特也可以回应称，其论证的要点不是要完全驳倒错误理由存在的可能性，而是在于放弃错误理由能够提供比其对手更简洁因而也更具吸引力的解释。因为如果只需诉诸高阶理由就能成功解释可比性问题，那么引入错误理由就变得不再必要。但问题在于，帕菲特的解决方式没有看上去那么成功。首先在这里，他从根本上抹杀了错误理由与正确理由之间进行比较的可能性。因为在他看来，它们实际上是针对不同问题的不同解答，从而不具备可比性。但如果帕菲特的解释不足以完全驳倒错误理由（尤其是实践性错误理由），那么满足可比性条件的错误理由就有可能存在。而按照帕菲特的理论，它显然没有能力为这种可能性提供解释，从而注定是不完整的。因此对帕菲特来说，他对错误理由怀疑论的“吸引力论证”实际上紧紧依赖于破坏力更强的“可能性论证”，如果放弃了后者，那么即使怀疑论解释更加简洁，它也会因为不够完整而失去所有吸引力。

其次，在合理性检验的层面上，错误理由怀疑论的解释力同样显得捉襟见肘。因为只有当所有错误理由都无法通过合理性检验时，错误理由不存在才是合理的结论。但这显然是有争议的，回到例 2，假设毒酒的毒性只会让饮用者短时间内昏头涨脑而没有任何其他副作用，在此情形下仍不愿意喝下毒酒的行动者难道不是缺乏理性的吗？对于这类疑惑，错误理由怀疑论好像很难给出解释。因此，如果帕菲特在错误理由存在的可能性上做出让步，那么怀疑论解释的吸引力在很大程度上也会化为泡影。

总之，如果帕菲特的解释既无法完全驳倒错误理由，又无力完整解释错误理由情形，那么他的论证只能被视作失败。对于错误理由怀疑论者而言，他们还需另寻出路。

四、“因其本身”的价值与错误理由

与帕森和帕菲特试图针对所有错误理由的计划不同，罗兰德发展了一种只针对价值领域中错误理由的怀疑论。在他看来，价值领域中的错误理由之所以不存在，是因为在那里“因其本身（for its own sake）”地持有评价性态度是不可能的。

因此，罗兰德强调的错误理由的不可能性不是说我们没有能力去持有某种态度，而仅仅是在说，仅出于错误理由，我们不可能“因其本身”地持有这类态度（2015：1458）。在他眼中，“因其本身性”内蕴在价值转移说明的定义中，因为价值概念在那里很大程度上指涉的是“因其本身”的最终价值（final value）（Rowland，

2015：1455–1456；2019：103）。[1]根据这种思路，当我们说一个对象之所以是“因其本身”而有价值的，是因为我们有理由对其持有一种正面态度，这实际上至少要求我们，这种正面态度可以“因其本身”而持有，因为如果持有它是出于某些其他因素，那么这个对象相应地更应该被视为出于某些其他因素而具有工具价值（instrumental value）而非最终价值。就此而言，这种对态度的限制在价值转移说明那里是有必要的。

对于这种“因其本身性”，罗兰德指出，它首先要和那些因某些附加后果（additional consequences）[2]而持有的态度区分开来，因为“因其本身”意味着出于对象的本质而不是其后果来行动（2015：1458）。其次，罗兰德认为，与行动的“因其本身性”紧密相关的正是行动理由。他指出：“一个关于行动 A 是否是‘因其本身’的这个论断，它除了是一个行动 A 的论断之外，无外乎只是一个关于行动 A 的理由的论断。”（2015：1459）换言之，行动理由所针对的是对象或行动的本质还是其后果已经决定了这个行动是否是“因其本身”而引起的。然而，在例 3 中，有理由去喜欢淤泥是因为它所带来的附加后果——可以逃避折磨——而不是出于淤泥的本质，因此在罗兰德看来，我们没有理由“因其本身”地去喜欢淤泥，而只能因这种行动所产生的附加后果而喜欢它。正是在这个意义上，罗兰德提出，如果仅仅出于错误理由，我们不可能“因其本身”地喜欢淤泥，因为它需要从对象的本质出发来引发行动，而

1　需要说明的是，尽管有些学者认为价值转移说明关涉的不仅仅是最终价值或目的价值，但他们也会同意对最终价值的阐明是价值转移说明所要处理的一个核心问题。对于价值转移说明在更宽泛意义上的运用，可参见 Schroeder，2010。

2　所谓行动的附加后果，它指的是那些如果不如此行动就不会存在的逻辑后果。详见 Rowland，2013：414。

这是错误理由不能提供的。进一步地，如果出于错误理由根本不可能“因其本身”地持有那些正面态度，那么错误理由当然应该被排除在价值转移说明的讨论范围之外，因为就后者而言，它所关涉的理由至少意味着某人出于它“因其本身”地去行动是可能的。因此，按照罗兰德的观点，价值理论中的错误理由问题只是一种理论幻觉。

对此，一个传统的反驳是它没有完全消除错误理由问题，因为就“因其本身性”而言，仍然存在合适的反例来回应罗兰德的结论。在拉比诺维克兹（Wlodek Rabinowicz）等人看来，只需在前例中稍作修改，例如把恶魔的威胁看作喜欢恶魔的理由而不是喜欢淤泥的理由，错误理由就会以另一种形式卷土重来（2004：419）。他们认为，在修正后的例子中，喜欢恶魔的理由不再是像逃避折磨这样的附加后果，而是恶魔的威胁这件事情本身，而发出威胁是恶魔的本质特征之一。在这个意义上，这个理由满足了“因其本身”地行动这个基本要求，因而应该被视为价值领域中的理由。但是，即便它满足了罗兰德所强调的“因其本身性”这个标准，它仍然是“错误”的，即恶魔这个对象不能因此被视作有价值。在这类例子中，罗兰德的批评好像失效了。

不过在罗兰德看来，这个反驳并不成功，这是因为上述反例得以成立的必要条件不是“因其本身”的对象性质而是其附加后果。具体说来，罗兰德承认，恶魔的威胁确实可以看作具备“因其本身性”，但仅依靠它无法拥有喜欢恶魔的理由。他指出：“如果恶魔的威胁只是一种空洞的威胁并且我们意识到了这一点的话，那么要求我们‘因其本身’地喜欢它否则会被惩罚的这个威胁就没有构成让我们去喜欢它的理由。”（2015：1465）如果进一步考察，我们会发现，在这里构成喜欢恶魔根本性理由的是我们确实可能会因此被惩罚这个后果。只有借助它，我们才拥有去喜欢恶魔的动机，如此一来，喜欢恶魔的理由从根本上说不是“因其本身”的而是出于其后果的。因此，上述反例虽然在表面上提供了一个满足“因其本身性”这个标准的理由，但在那里真正提供行动解释力的仍然是其后果，所以这种情形不能构成对罗兰德所持主张的反驳。

但罗兰德还需应对其他挑战，首当其冲的是他要解释价值领域中为什么会出现错误理由问题这种幻觉。和其他错误理由怀疑论者类似，罗兰德也将原因归于我们把“因其本身”地想要去喜欢淤泥这类高阶理由错当成了“因其本身”地喜欢淤泥这类基础理由（Rowland，2015：1471–1472）。但相比其他人，罗兰德还需要额外解释为什么这类高阶理由能够在价值领域中存在，而这远没有看上去那么轻松。根据他的观点，“因其本身”的行动理由大体上相当于出于对象本身的特征或性质的行动理由，它与出于行动后果的理由截然不同（2015：1459）。但在上述高阶理由中，“因其本身”地想要去喜欢淤泥的理由仍出于“喜欢淤泥”带来的行动后果，而不是这个行动本身固有的特征或性质。如果罗兰德认为这种高阶理由的存在是理所应当的，那么令人困惑的是，按照他的标准，行动后果到底在何种意义上可以在价值领域中充当理由的根据？对此，罗兰德仍然没有给出令人满意的解释。

不仅如此，即使在基础理由的层面上，“因其本身”的行动理由也难以完全排除出于行动后果的理由。要理解这一点，首先需要回到价值领域中“因其本身（for its own sake）”和“在自身中（in itself）”的区别，因为罗兰德似乎混淆了这两类概念。科斯嘉（Christine Korsgaard）等人已经指出，“因其本身”的最终价值（final value）和“在自身中”的内在价值（intrinsic value）是需要区分开的两类价值（Kagan，1998：283–284；Korsgaard，1983：184–190）。对于这两类价值，只有后者才需要其严格源于自身，而前者则可以来自那些条件性的“关系属性（relational property）”，其中当然也包括因果属性（causal property）。根据这种区分，身处因果关系之中的行动后果虽然与内在价值无关，但它并非如罗兰德设想的那样，也与对象的最终价值完全无关，相反，这些因果属性在很多情况下恰恰构成了对象的最终价值。举例来说，一辆性能良好的跑车的最终价值至少可以部分地归功于它能够更快速地到达目的地的能力。如果在价值转移说明的框架下解释它的最终价值，那么“因其本身”地购买这辆跑车的理由至少部分地来自下述事实：如果购买它，那么我们可以更快速地到达目的地。或者更直接地说，在这里，购买跑车这个行动所带来的后果完全有能力构成“因其本身”地购买它的理由。就此而言，如果承认“因其本身”与“在自身中”的区别，那么行动后果提供了“因其本身”的行动理由就不会是不可能的。进而言之，错误理由在价值领域中存在同样不会不可能。

对此，罗兰德可能会回应称，与错误理由案例中的情形不同，购买跑车的理由实际上来自跑车本身的特征或属性——高速行驶的能力，这个特征不会因为没有购买它就消失。因此在根本上，“因其本身”的行动理由仍然来自对象本身的特征而不是它的附加后果。但是这种回应不够成功，因为实际上，错误理由中的行动后果也能够以相似的方式变成来自对象的某种特征或属性。正如拉比诺维克兹等人洞察到的，对于每一种行动的后果属性，都存在着一个相应的对象的属性（2004：406）。具体来说，在例 3 中，喜欢淤泥的后果是可以避免被折磨，那么此时淤泥拥有一个“只要被喜欢就可以让人们避免被折磨”的特征，而这种特征同跑车具有高速行驶的能力类似，它不会因为喜欢这种态度没有被实际持有就完全消失。在这个意义上，对象的这种关系特征完全依赖于它所带来的后果，因而这种后果实际上构成了“因其本身”的行动理由。[1]因此，即便把后果属性转换为来自对象本身的特征，错误理由仍然有足够能力构成“因其本身”的行动理由，从而无法被排除出价值领域。据此，只要澄清了行动后果与“因其本身性”之间的关联，罗兰德的主张就无法消除价值领域中的错误理由问题。

五、余论

错误理由怀疑论者希望通过直接否定错误理由的存在来消解价值理论中的错误理由问题。现在我们或许可以承认，这种做法相当困难。这不仅是因为它与错误理由确实存在直觉相悖，而且是因为如果只用高阶理由解释所有的错误理由情形，那么对于它的标准也会变得过于苛刻。因此我们会发现，错误理由怀疑论不仅没有办法成功消除存在错误理由的可能性，而且也没有能力为错误理由情形的出现提供一个完整的解释，自然也无法为价值转移说明提供一个有力的辩护。

---

1 这种可能回应试图为价值提供一种“必然性标准”，其要点在于指出对象与后果之间具有一种“内在必然”的联系，而在错误理由情形中，它们之间的联系是偶然的。我的反驳试图指出，错误理由能够满足“必然性标准”，它和一般理由之间的区别仅仅在于前者的内在必然性不具有普遍性，而是在某种具体情况下产生的特殊的关联。但这种普遍性上的差别不会影响错误理由也可以“因其本身”而持有。感谢《哲学评鉴》审稿人为我澄清这一点。

然而，对于错误理由怀疑论者来说，即便目前所有的论证尝试都是令人失望的，就此放弃这种怀疑论思路也会显得过于草率。因为在他们看来，这种思路仍然在解释力上具有优势，这种优势可以归功于下述事实。首先，高阶理由与基础理由之间确实存在区别，因为不是所有事实都可以同时提供高阶理由和基础理由（Parfit，2011：431；Persson，2007：2；Rowland，2015：1472，2019：118–119）。例如喜爱鸟类这个事实可以是小张想要长出翅膀的理由，但却不可能是小张要长出翅膀的理由。其次，正如他们看到的，在日常生活中，我们有时确实会混淆这两类理由，从而把高阶理由错置到基础理由的类别之中（Rowland，2015：1472–1473）。例如在日常交流中，我可能会说"变帅是我再长高十厘米的理由"，但事实上，作为一个正常的成年人，我已经没有再长高十厘米的理由——因为这远在我的能力之外，所以在这里，我想表达的真正含意其实是"变帅是我希望再长高十厘米的理由"。据此，依靠这两个前提，错误理由怀疑论实际上为下述现象提供了一个相当便利的解释：在错误理由情形中，之所以要认识到高阶理由的存在，是因为在这里高阶理由和基础理由（错误理由）被混为一谈了。这种怀疑论解释的吸引力在于，如果放弃它，我们就必须承认在错误理由情形中同时存在高阶理由和基础理由（错误理由），而这在某种程度上会让人对高阶理由的认识失去意义。因为首先在实践层面上，高阶理由对行动的要求会由基础理由实现（回顾一下玫瑰的例子）；其次在理论层面上，认识高阶理由的作用在这里同样缺乏解释。按照这种观点，承认错误理由存在至少需要在理论解释力上做出牺牲。

但这种牺牲并不必要，这不仅是因为各项怀疑论论证的失败已经从侧面破坏了怀疑论解释的吸引力，而且是因为对于上述现象还存在其他解释。在我看来，在错误理由情形中，承认高阶理由的存在之所以重要，不是因为借助它可以否认错误理由的存在，而是因为借助它可以发现错误理由和正确理由的共同之处。具体来说，错误理由只意味着它是“错误的”基础理由，如逃避折磨是去喜欢淤泥的错误理由，但作为高阶理由的错误理由丢失了它的“错误性”，即它是“正确的”高阶理由。帕菲特也指出：“持有某种欲求的‘错误理由’更应该被看作想要或试图去持有它的‘正确理由’。”（2001：24）因此，通过区分高阶理由和基础理由，错误理由的“错误性”仅仅被限制在了基础理由的层面上，而作为高阶理由的错误理由则可以被看作有价值的正确理由。如果按照这种解释，错误理由怀疑论反而偏离了处置错误理由情形中高阶理由存在意义的正确方向。因此，就对高阶理由的认识而言，放弃错误理由怀疑论不需要在理论解释力上付出代价。

总而言之，如果错误理由怀疑论不仅在实际论证上显得过于困难，而且它也不具备难以割舍的理论吸引力，那么放弃这种思路便是一个合理的选择。当然，承认错误理由问题的存在虽然会对价值转移说明这类价值理论构成挑战，但它绝不意味着就此击倒了这类价值理论。因为对于价值转移说明的支持者来说，他们仍然有可能通过为错误理由和正确理由做出一个明确的区分，从而解决错误理由问题。[1]

致　谢

本文稿曾在华东师范大学“哲学之道”第十二届博士生学术论

1　学界对于区分正确理由和错误理由的方案已经有较多尝试，对这一主题的概览性研究可参见 Gertken & Kiesewetter，2017：3–4。

坛宣读，感谢同场参会者对本文的宝贵建议。同时感谢郝亿春、彭诗琴、王中天以及《哲学评鉴》的匿名审稿人对本文早期版本的反馈。

参考文献

Crisp, R. (2000). Review of value ... And what follows by Joel Kupperman. *Philosophy*, 75 (293), 458–462.

Dancy, J. (2000). *Practical Reality*. Oxford University Press.

Danielsson, S. & Olson, J. (2007). Brentano and the buck-passers. *Mind*, 116 (463), 511–522.

Gertken, J. & Kiesewetter, B. (2017). The right and the wrong kind of reasons. *Philosophy Compass*, 12 (5), e12412.

Howard, C. (2016). In defense of the wrong kind of reason. *Thought: A Journal of Philosophy*, 5 (1), 53–62.

Howard, C. (2019). The fundamentality of fit. *Oxford Studies in Metaethics*, 14, 216–236.

Kagan, S. (1998). Rethinking intrinsic value. *The Journal of Ethics*, 2 (4), 277–297.

Kavka, G. S. (1983). The toxin puzzle. *Analysis*, 43 (1), 33–36.

Korsgaard, C. M. (1983). Two distinctions in goodness. *The Philosophical Review*, 92 (2), 169–195.

McHugh, C. & Way, J. (2016). Fittingness first. *Ethics*, 126 (3), 575–606.

Parfit, D. (2001). Rationality and reasons. In Egonsson, D. et al. (Eds.), *Exploring Practical Philosophy: From Action to Values*. Ashgate.

Parfit, D. (2011). *On What Matters, Volume I*. Oxford University Press.

Pascal, B. (1910). *Pascal's Pensees*. Trotter, W. F. (Trans. & Ed.). JM Dent & Sons, Ltd.

Persson, I. (2007). Primary and secondary reasons. In T. R. R. et al. (Eds.), *Hommage à Wlodek: Philosophical Papers Dedicated to Wlodek Rabinowicz*. http: //www.fil.lu.se/hommageawlodek.

Piller, C. (2006). Content-related and attitude-related reasons for preferences. *Royal Institute of Philosophy Supplement*, 59, 155–182.

Rabinowicz, W. & Rønnow-Rasmussen, T. (2004). The strike of the demon: On fitting pro-attitudes and value. *Ethics*, 114 (3), 391–423.

Raz, J. (2011). *From Normativity to Responsibility*. Oxford University Press.

Rowland, R. (2013). Wrong kind of reasons and consequences. *Utilitas*, 25 (3).

Rowland, R. (2015). Dissolving the wrong kind of reason problem. *Philosophical Studies*, 172 (6), 1455–1474.

Rowland, R. (2019). *The Normative and the Evaluative: The Buck-Passing Account of Value*. Oxford University Press.

Schroeder, M. (2010). Value and the right kind of reason. *Oxford Studies in Metaethics*, 5, 25–55.

Suikkanen, J. (2009). Buck-passing accounts of value. *Philosophy Compass*, 4 (5), 768–779.

Way, J. (2012). Transmission and the wrong kind of reason. *Ethics*, 122 (3), 489–515.

Williams, B. (1981). *Moral Luck: Philosophical Papers 1973–1980*. Cambridge University Press.

Title: Against the Skepticism about the Wrong Kind of Reason

Abstract: The Wrong Kind of Reason (WKR) problem is a main challenge for Buck-Passing Account of Value (BPA). WKR skeptics, however, insist the WKR problem can be dissolved easily. They claim that WKR doesn't exist in WKR cases, what exists is higher-order reason directed towards the attitude of the object. In this article, I argue that their arguments are unsatisfactory for the following deficiencies: Begging questions implicitly, opening the possibility for counterexamples, or failing to explicitly explain some fundamental concepts in their arguments. Then I briefly discuss that a core attraction of WKR skepticism can be reasonably rejected by their opponents. Finally, I conclude that it's a better approach for proponents of BPA to reject WKR skepticism, and thereby to face the WKR problem as a real challenge.

Keywords: Wrong Kind of Reason; higher-order reason; primary reason; Buck-Passing Account of Value; Value Theory

感觉的必然维度[1]

晓　非[2]

摘　要：没有视觉器官的人能否有视觉经验?《楞严经》记载的一段关于视觉的对话对这个问题给出了肯定的回答。在对话中，如来将盲人的感觉经验与身处暗室中的视力正常者的视觉经验做比较，认为两者没有区别，从而肯定盲人也有相同的经验。本文从概念和经验两个层面考虑了对“盲人类比”论证的挑战，在对这个论证的核心论点做出澄清后，指出虽然“盲人类比”能回应概念层面的质疑，它依然面临来自经验层面的有力挑战。本文随后提出了一个更易被辩护的论证——“聋人类比”，并依据这个新的类比得出一条推论：任何主观经验都必然包含所有感觉维度的相应形态的经验。最后，本文从相关佛教理论出发，对这条看似荒谬的推论做出辩护。

关键词：《楞严经》；盲人类比；感觉

1　收稿：2021年8月3日；首次修回：2021年10月6日；末次修回：2021年11月1日；录用：2021年12月29日。

2　晓非（本名刘晓飞），武汉大学哲学学院教授，主要研究伦理学、道德责任、实验哲学。电子邮箱：liuxiaofei@whu.edu.cn。

一、盲人类比

《楞严经》中记载了佛祖与阿难之间一段关于视觉的对话。

> 佛告阿难：……阿难，譬如我拳，若无我手，不成我拳；若无汝眼，不成汝见。以汝眼根，例我拳理，其义均不？
>
> 阿难：唯然，世尊。既无我眼，不成我见，以我眼根，例如来拳，事义相类。
>
> 佛告阿难：汝言相类，是义不然。何以故？如无手人，拳毕竟灭。彼无眼者，非见全无。所以者何？汝试于途询问盲人："汝何所见？"彼诸盲人必来答汝："我今眼前，唯见黑暗，更无他瞩。"以是义观，前尘自暗，见何亏损。
>
> 阿难：诸盲眼前，唯睹黑暗，云何成见？
>
> 佛告阿难：诸盲无眼，唯观黑暗，与有眼人，处于暗室，二黑有别，为无有别。如是世尊。此暗中人，与彼群盲，二黑校量，曾无有异。[1]

阿难认为视觉经验与视觉器官（眼）之间的关系类似于手的形状（拳头）与手之间的关系：手的形状取决于手的存在，而视觉经验则取决于视觉器官的存在。这两组关系都是没有了后者就不存在前者。如来则否认两组关系是相同的：没有了手，固然不存在手的

---

1 见 http://www.fodizi.net/fojing/bore/33.html。

形状；但没有了视觉器官，视觉经验依然可以存在。[1]对此，如来用了一个比较为之辩护：视力正常者在漆黑的暗室中所见到的和盲人的感受没有区别，既然视力正常者有一片漆黑的感觉经验，为什么不能说盲人有同样的感觉经验呢？让我们将这一比较称为“盲人类比”。[2]

对于今天的人们来说，“视觉经验并不依赖于视觉器官”这一论断，随着科技的突破已经不再显得荒谬。最新的脑机接口技术已经可以通过直接刺激相应的大脑皮层，使没有视觉器官的人产生如亲眼见到般的感觉经验（Beauchamp & Yoshor，2020）。但是，盲人类比主张的是：没有相关感觉器官的人的自生（未经类似脑机接口技术干预而产生的）经验，也可以与有相关感觉器官的人的感觉经验相同——这才是这个论证的极端之处。

本文将探讨这个论证是否成立。通过考虑来自概念和经验两个层面的对盲人类比的挑战，本文将对该论证的核心论点做出澄清，并指出虽然经过澄清后的“盲人类比”能够回应来自概念层面的质疑，它依然面临来自经验层面的有力挑战。相比之下，“聋人类比”能更好地回应相关挑战，因而是一个更能得到辩护的论证。本文随后指出，如果我们接受聋人类比论证，会推导出一个看起来更为极

---

1 需要指出的是，虽然手与手型、视觉器官与视觉经验之间的关系似乎是关乎形而上学上常说的“随附性（supervenience）”关系，但如来与阿难之间的争论严格来说并非是关于视觉器官与视觉经验之间是否存在随附性关系的争论。依照随附性，如果视觉经验随附于视觉器官，这意味着：（A）没有视觉器官的改变就不会有视觉经验的改变（但反过来不成立）。而如来想要证明的是：（B）并不是没有视觉器官就不会有视觉经验。严格来说，B 并不等于 A。

2 这里的“类比”不是说该论证属于推理意义上的类比论证（如来认为两种经验在现象上是相同的），而仅仅只是使用“类比”一词在汉语中最基本的意思，即“（同类）相比、比较”。

端的结论：任何主观经验都必然包含所有感觉维度的相应形态的经验。最后，本文将结合佛教的相关理论，为这一看似荒谬的推论做出一些辩护。

二、概念反诘

让我们首先来考虑概念层面对盲人类比的反诘。盲人类比这个论证不成功，因为即便“没有视觉功能”和“看见黑暗”两者具有相同的外延，但这依然不能证明它们有相同的内涵，这个论证犯了偷换概念的逻辑谬误（陈晓平，2021）。

严格来说，盲人类比并非预设“没有视觉功能”和“看见黑暗”两者有相同的外延；它预设的是“没有视觉功能的感觉”和“看见黑暗的感觉”两者有相同的外延——相同的现象特征或“感质（qualia）”。当然，如上述反诘所指出的，即便两者的现象特征相同，这也无法证明“没有视觉功能的感觉”和“看见黑暗的感觉”就是相同的概念。

但是，盲人类比这一论证成功与否，并不取决于“没有视觉功能的感觉”和“看见黑暗的感觉”这两个概念在内涵上是否等同。盲人类比试图要证明的是：感受某种视觉经验不一定需要（正常的）视觉器官——两者的关系与手的形状和手这一器官的关系不同。即便“没有视觉功能的感觉”和“看见黑暗的感觉”这两个概念在内涵上不同，这并不影响没有视觉器官的人可以有关于黑暗的视觉经验。

一个类似的例子是摩尔的“开放问题论证（the open-question argument）”。摩尔试图通过该论证证明“善”这个概念不可以被定义。假设我们将“善”定义为某种自然属性，比如“快乐”或“欲望的满足”。但如果进一步追问：“快乐（或欲望的满足）真的是善吗？”我们会发现这个问题总是开放的（open）；与之对比，“善真的是善吗？”这个问题则是有定论的（closed）——善不可能不是它自身。由此，摩尔主张：由于该问题的开放性，“善”和用以定义它的自然属性不可能等同；而由于类似的定义总是面临开放问题，于是“善”不可被定义。但反对者指出：开放问题之所以存在，是因为“善”的概念与用以定义它的概念（比如“快乐”）在内涵上不同；可是，两个概念在内涵上不同，不意味着两个概念所指称的性质（即外延）不同。比如，“水”和“H_2O”内涵不同，并不意味着“水”所指称的性质与“H_2O”所指称的性质有差异（Brink，1989：Ch. 6；Harman，1998：546）。同理，即便“没有视觉功能的感觉”和“看见黑暗的感觉”在内涵上有差别，从而是两个不同的概念，这并不意味着“没有视觉功能的感觉”所指称的性质与“看见黑暗的感觉”所指称的性质不同——两者所指称的可以是相同的现象或感质。

陈晓平还提出了另一个可能的反驳：如果说盲人也有视觉经验的说法成立的话，那么手的形状和手之间也可以存在类似的关系——比如，没有手也可以握“空拳”。“空拳”这一手型也不需要手的存在，正如“黑暗”这一视觉经验不需要视觉器官的存在一样。

上述反驳即便成立，也不影响盲人类比的成立。但也许该反驳使用的是归谬法：“空拳”是一个显然荒谬的东西，如果盲人类比的逻辑能够用来证明如此荒谬的结论，这说明该论证的逻辑是有问题的。但是，“空拳”类比存在两个问题。首先，我们有理由认为，把“空拳”当作一种手型，是一个概念上自相矛盾的做法。“空拳”意味着没有手，即不存在一个相关的实体；而形状是实体的性质，没有了相关的实体也就意味着没有了相关的形状。故而，将“空拳”当作一种手的形状有自相矛盾的嫌疑。其次，即便把“空拳”当作一种手型不构成逻辑上的自相矛盾，这个概念从定义上就蕴含了“没有手”；而“黑暗”这一视觉经验显然没有在概念上就蕴含“没有视觉器官”。因此，“空拳类比”和“盲人类比”之间依然存在如下的差异：在“空拳类比”中，拳型和手之间的不依赖关系存在于定义中；而在“盲人类比”中，视觉经验和视觉器官的不依赖关系并非存在于定义中，而是存在于具体的感官经验中。换言之，“空拳是一种不依赖于手而存在的手形”的荒谬性产生自其定义，而“黑暗是一种不依赖于视觉器官的视觉经验”的荒谬性并不产生自其定义。

也许有人会提出进一步的诘难：把盲人有关“黑暗”的经验当成视觉经验，这也是一个概念上自相矛盾的做法。所谓“视觉经验”应当是由视觉器官所产生的经验，而盲人没有（正常的）视觉器官，其经验自然也不能被说成视觉经验。然而，这一诘难将“盲人类比”要挑战的核心问题理解为：没有视觉器官的主体是否可以有“视觉”经验。但这不是对“盲人类比”唯一的解读。

当如来说“此暗中人，与彼群盲，二黑校量，曾无有异”时，其强调的是两种“黑”之间没有差异。而两种“黑”之间的比较是现象上的比较。因此，盲人类比还可以有一种较弱的但更具善意的解读：盲人的感觉经验与“看见黑暗”的感觉经验在现象或感质上是相同的。“黑暗”这一感质是一种视觉形态的（visual-mode）质料。所谓视觉形态的感质，是指我们用以描述和把握该感质的概念是我们通常用来描述和把握视觉经验的那一类概念。即便这样的感质不是由视觉器官产生，但我们却能用也只能用描述视觉经验的概念来描述和把握其现象特征。比如，“没有任何颜色”“一片漆黑”“黑暗看起来像是什么”这些现象特征显然不能说是听觉形态的、触觉形态的或嗅觉形态的——我们无法用描述这些形态的经验的概念来描述和把握上述现象特征。

由此，盲人的感觉经验即便在概念上不能被称为“视觉经验”，但是仍可以被当作一种视觉形态的感觉经验。这一视觉形态的感觉经验与“看见黑暗”这一视觉经验具有相同的现象特征。在这一新解读下，盲人类比的核心论点不是“盲人的感觉经验与‘看见黑暗’是相同的视觉经验”，而是“盲人的感觉经验与‘看见黑暗’是具有相同现象特征的、视觉形态的经验”。

三、经验反诘

接下来，让我们考虑从经验证据的角度对盲人类比的反诘。在罗伊·索伦森（Roy Sorensen）的著作《看见黑暗之物》（*Seeing Dark Things*）中，他否认无视觉功能者的主观感受和“看见黑暗”的视力正常者的主观感受在现象上是相同的。索伦森引用一位盲人哲学家马丁·米利根（Martin Milligan）对自己主观感受的描述：天生失明者并不是生活在“黑暗的世界”中，他们并没有“看到黑暗”（Magee & Milligan，1995：11；Sorensen，2008：245）。同样的观点也存在于其他天生失明者对自己主观感受的描述中。[1]索

1 见 https：//slate.com/human-interest/2013/12/what-does-it-feel-like-to-be-blind.html。

伦森认为对盲人的主观感受，更合适的比方是正常人对脑后事物的视觉——它们根本不存在（Sorensen，2008：245–246）。换言之，“没有视觉功能的感觉”与“看见黑暗的感觉”的差异在于：后者只是视野被黑暗填充，而前者是视野的缺失。

对上述基于经验的反诘，盲人类比的支持者可以同样给出基于经验的回应：并非所有失明者的主观感受都是相同的，而盲人类比要成立，并不需要证明所有失明者的主观感受都等同于“看见黑暗”。我们可以区分先天失明的情况和后天失明的情况。一些后天失明者（尤其是才失去视觉不久的人）报告说自己的确“看到了黑暗”。[1]后天失明者与先天失明者一样，都没有视觉功能；而后天失明者的主观感受和“看见黑暗”的视力正常者的主观感受在现象上相同。因此，至少部分无视觉功能者的主观感受在现象上等同于“看见黑暗”的感受。

对这一回应，一种可能的质疑是：才失去视觉不久的人所看到的“黑暗”有可能是其之前关于黑暗的记忆所引起的[2]，或者仅仅只是一种幻觉（Sorensen，2008：256），因而后天失明者所报告的感觉不能用来支持盲人类比。

但这种质疑会面临支持者下述的回击。首先，依据通常的经验，记忆或者幻觉虽然也能产生栩栩如生的感觉，但这样的感觉并不能长时间持续。反对者的质疑必须预设后天失明者的记忆和幻觉持续的时间能大大长于普通人，从而产生长时间的栩栩如生的感觉，但这样的预设是很可疑的（Philips，2013：340）。更重要的

1　见 https：//slate.com/human-interest/2013/12/what-does-it-feel-like-to-be-blind.html。

2　感谢王晓阳在一次非正式的讨论中提出这一疑问。

是，即便刚失去视觉者的“看到黑暗”的感觉是经由其记忆或者幻觉产生，因此不能称之为“视觉经验”，但这种感觉依然是一种视觉形态的经验。这足以支持弱解读下的盲人类比的核心结论——没有正常视觉器官的人依然可以产生视觉形态的经验。[1]

不过，就算我们接受后天失明者关于其“看见黑暗”的证言，其经验依然与视力正常者看见黑暗的视觉经验有现象上的重要差异。视觉经验具有一种特殊性：它有视野。身处暗室中的视力正常者，虽然眼前一片漆黑，但仍然具有视野；而失去视觉功能的人虽然“看见黑暗”，但由于其视觉形态的经验不是通过眼睛这一视觉器官产生，似乎并不会有视野的限制（如果我们排除这种经验只是记忆的产物的话）。

视觉经验的另一个特殊性在于：视觉目标通常是注意力的聚焦之处。失明者由于失去了外界的图像刺激，其注意力很可能逐渐从视野转移到了其他维度（比如听觉）上。因此，即便失明者的主观感受中有某种类似“黑暗”的感质，由于不在注意力的聚焦下，该感受很可能就像视力正常者对脑后世界的感知一样——完全没有处在意识中。这与进入没有光线的房间中“看到黑暗”的视力正常者的感觉经验会很不一样——后者在注意力的聚焦下，而前者则不是。（这或许是先天失明者会报告自己根本就没有“看到黑暗”的原因之一。）

视觉经验的上述特征——有视野以及是注意力的焦点——给了

---

1 支持者还可能有这样一种回应：由于先天失明者从未有过视觉经验（包括对于“黑暗”的视觉经验），他们可能缺乏用相关概念准确描述其感受的能力。相比之下，后天失明者由于已经具有了类似的视觉经验，他们的报告更加可信。当然，这样回应只是指出了一种可能性，也许“黑暗”是一个仅仅通过概念描述就能把握其现象的特例，从而不需要目睹。

我们将盲人的感受与“看见黑暗”的视力正常者的感受区分开的理由。[1]在这个意义上，盲人类比没有令人信服地证明两者在现象上等同，从而也未能证明“视觉形态的经验不依赖于视觉器官”这一结论。但是，这不意味着盲人类比背后的论证思路完全失败了。当我们将类比中的案例从视觉经验置换为其他维度的感官经验，这一思路或许更容易成功。

四、聋人类比

让我们考虑另一个论证：聋人类比。一个听力正常的人在没有任何声音的环境中，所感受到的是“无声”；这与一个完全没有听觉的聋人所感受到的，在现象上没有区别。假想你是一位身处战场的士兵，突然被身旁巨大的爆炸震晕了过去，当你重新恢复了意识，发现自己听不到任何声音。此时的你很可能会无法确定自己究竟是被爆炸震聋了，还是真的处在一个死寂的环境中（Sorensen，2008：268）。这个思想实验说明在一些情况下我们无法在现象上区分聋的体验和“听到无声”的体验。因此，聋人也能有和听觉器官完好的人一样的感受——“无声”。

1　我认为注意力是否聚焦构成了经验在现象上的差异。当你聚精会神地盯着电脑屏幕的正中，你可能看到了屏幕边缘出现的事物，但该事物不在你注意力的聚焦下。与之对比：你注视着同一画面，但这次你注意力聚焦到了屏幕边缘出现的事物上。在现象上，我觉得有理由认为上述两种经验是不同的。但也许有的理论家会主张两者在感质上是相同的——比如，它们都由同样的形状、色彩和位置关系构成。如果这一反对成立，这或许说明感质不完全等同于现象特征（比如，感质不涉及注意力是否聚焦）。盲人类比强调的是盲人的感受与“看见黑暗”的视力正常者的感受在现象上的相同。感谢《哲学评鉴》的一位匿名审稿人提出这一对感质相同性的疑问。

相比视觉，听觉具有两个特征，使得聋人类比能够避免盲人类比所遇到的挑战。第一个特征是听觉没有类似视觉中的视野的限制，因此不存在像“脑后的视域”这样的缺失“听域”。第二个特征是相比视觉目标，听觉目标更少处于注意力的聚焦下，因为存在许多我们没有意识到但听到了的情况。比如，当我们走进一片陌生的树林，常常会被新奇的植被所吸引而迟迟没有意识到这片树林竟然寂静无声。由于日常有关寂静的经验常常没有被意识到，相比有关黑暗的经验，反对者更难从是否被注意力聚焦这个角度，来否认聋人的感受与“听到无声”的听觉正常者的感受在现象上的相同性。[1]

聋人类比依然面临两种可能的挑战。首先，一些学者否认聋人的经验构成了一种听觉经验，因为听觉经验必须是由听觉器官产生的，而这里根本不涉及听觉器官的使用（比如，O’Shaughnessy，2000；Sorensen，2008；Šterbáková，2020）。[2]但如上一部分所澄清的那样，盲人看不到任何东西的经验虽然不是视觉器官产生的经验，但仍是一种视觉形态的经验，即只能用视觉概念把握的经验；同样，聋人听不到任何声音的经验即便不是听觉器官产生的经

---

1 当然，这不是说不存在没有被注意力聚焦的视觉目标。比如，高速路上我们常常看到了窗外掠过的风景，但由于专注于驾驶或者聊天，从而没有意识到所看到的风景。这里要强调的是：相比于视觉经验，听觉目标通常更少被注意力所聚焦，因而更类似聋人的经验。“聋人类比”要成功，不需要证明所有的听觉正常者“听到无声”的感受都在现象上等同于聋人的感受，而只需要证明有些“听到无声”的感受（当听觉主体的注意力不在听觉目标上时）在现象上等同于后者。

2 菲利普斯（Philips，2013：Sect. 3）认为索伦森关于“听到无声”是一种听觉经验，且聋人的经验与“听到无声”在现象上无法区分的立场，暗含了将聋人的经验当成一种对无声的幻听的结论。但索伦森本人不愿接受这样一种对聋人经验的理解。

验，但仍是一种听觉形态的经验——它是关于是否存在声音的经验。因此，聋人类比至少证明了：拥有某种听觉形态的经验并不依赖于听觉器官。

其次，有些学者甚至会否认“听到无声”是一种听觉经验。在他们看来，即便对于听觉正常的人而言，“听到无声”并非是一种听觉经验，而只是听觉经验的缺失。比如，布莱恩·欧肖内希（Brian O’Shaughnessy）主张：

> 听到无声是一种被经验到的认知产物，它伴随的是经验的缺失，而这一缺失本身又表明了另一种缺失：空气中声波的缺失。听到无声本身并非一种听觉经验。[1]

在欧肖内希看来，“听到无声”是一种认知产物，即我们依据听觉经验的缺失做出的一种判断。“经验的缺失（an absence of experience）”显然不同于“关于缺失的经验（an experience of absence）”，后者是一种经验，而前者根本就不构成经验，最多只是一种判断。如果这一观点成立，既然听觉正常人的“听到无声”都不构成经验，聋人类比也就无从谈起。

索伦森举出了如下的例子来反驳“听到无声”只能是一种判断而不是经验：关掉收音机有时会将一个人从他的白日梦中惊醒（Sorensen，2008：268）。正在做白日梦的人通常不能做出任何有关收音机声音的推理，而关掉收音机能将他惊醒，说明他意识到了声音的突然消失，且这种“惊醒”明显是由外在刺激造成的。由

---

1 O’Shaughnessy，2000：334.

此可以推断，“无声”是他的一种听觉经验。对欧肖内希的质疑，我们可以如此回复：即便“无声”是一种“经验的缺失”，此处的“经验”也并非指所有的经验，只是某种特定经验（比如，听到收音机的声音）的缺失。即便从概念上来说，“全部经验的缺失”不能是一种经验（否则构成了自相矛盾），“特定经验的缺失”则依然可以是一种经验。

因此，我们有理由认为“听到无声”的确构成了一种经验，而这种经验在现象上与聋人的经验无法区分开。两者无法区分的关键在于声音的缺失，既能由听觉器官的故障导致，也能由环境的因素导致。导致的原因不同，不能成为两种经验一定在现象上不同的理由。[1]

五、一个推论

通过对聋人类比的两种反对意见的探讨，我们可以得到有关听觉的如下两条原则：

缺失亦感知原则：听觉经验的缺失也可以是一种听觉形态的经验。

同类经验原则：如果经验 A 和经验 B 在现象上相同，同时经验 A 是一种听觉形态的经验，那么经验 B 也一定是一种听觉形态

---

1 当然，这不意味着聋人的经验和“听到无声”的听觉正常者的经验不可能有其他方面的差别。比如，在经验过各种嘈杂后突然万籁俱寂，听觉正常者会有“世界终于清静了”的感受，这是一个先天耳聋者所不会有的。这里所说的两者在现象上的相同，是仅就“无声”这一现象的两条经验之间的相同。感谢赵海丞和梅剑华指出这一点。

的经验。

我认为，如果上述两条原则成立，那么我们可以推出以下的结论：任何主观经验都必然包含听觉形态的经验，即便相关经验主体没有任何听觉器官。[1] 具体推理过程如下：

1. 丧失了听觉功能的人所感觉到的，包含与身处死寂中的听觉正常的人所感觉到的（即“听起来没有声音”的感觉）相同的现象——无声。

2. 丧失了听觉功能的人所感觉到的，包含与没有听觉器官的经验主体所感觉到的相同的现象——无声。

3. 所以，没有听觉器官的经验主体所感觉到的，包含与“听起来没有声音”的感觉相同的现象——无声。

4. “听起来没有声音”的感觉是一种听觉形态的经验。

5. 所以，没有听觉器官的经验主体所感受到的也包含听觉形态的经验。

---

1 如果我们将这个论证与“泛心论（panpsychism）”结合起来，将会得到更极端的结论。至少某些版本的“泛心论”（比如 panexperientialism，参见 Goff et al., 2020：Sect. 2.1）主张一切事物皆有主观经验，而如果任何主观经验都必然包含听觉形态的经验，那么接受这些版本的“泛心论”就意味着接受任何事物（比如一块石头）都有听觉形态的经验。
同时，这个论证似乎也对“泛心论”争论中的“构成主义”构成挑战。虽然泛心论者都认为经验事实（或心灵事实）是世界的基本事实，但对于经验事实是否可以拆分成更基本的构成元素，泛心论者中存在两派观点。“构成主义泛心论（constitutive panpsychism）”认为人类和动物的经验是由更为基本的经验元素构成；而“非构成主义泛心论（non-constitutive panpsychism）”则认为人类和动物的经验就是最基本的经验事实。如果上述论证成立（即任何主观经验都必然包含听觉形态的经验），那么这会成为对“构成主义”的挑战，因为任何经验都必然包含听觉形态的经验，从而不可能存在不包含听觉形态的、独立的“更基本的经验元素”。同样的论证可以应用于触觉、嗅觉等其他感觉维度，从而所有的经验都必须包含完满的各种形态。

6. 任何主观经验要么是有听觉功能的经验主体的经验，要么是没有听觉功能的经验主体的经验；任何主观经验要么包含声音，要么不包含声音，即任何主观经验要么是（a）有听觉功能的经验主体的包含声音的经验，要么是（b）有听觉功能的经验主体不包含声音的经验，要么是（c）没有听觉功能的经验主体不包含声音的经验。

7. 依照定义，（a）也是一种听觉形态的经验；依照“缺失亦感知原则”，（b）也是一种听觉形态的经验；依照前提 5，（c）也包含听觉形态的经验。

8. 所以，任何主观经验都必然[1]包含听觉形态的经验。

1 和 4 在上一部分已经证明（其中 4 即“缺失亦感知原则”的一种表述）；6 必然为真；3 和 8 是依据基本的逻辑原则推导而来；5 是依据“同类经验原则”从 3 和 4 推导而来；而 7 则是依据相关定义、原则和前提推导而来。唯一需要加以说明的是 2。是否有理由认为，完全没有听觉器官的主体所感受到的，与丧失听力但具有听觉器官的人所感受到的，在现象上有根本不同？

一个可能的理由来自内格尔著名的“蝙蝠论证”。内格尔认为

---

1 这里的“必然”不是说“在任何可能世界中，任一主观经验都包含听觉形态的经验”。聋人类比（以及盲人类比）所说的现象上的相同，是基于实际经验的相同，也就是说，推论的前提 1 描述的是一个经验性事实。[但是，我依然认为前提 2 描述的是一个概念性事实，理由参见随后我对内格尔（Thomas Nagel）可能批评的回复。] 因此严格来说，只有在那些听觉正常者“听到无声”的经验，实际在现象上等同于聋人的感觉的可能世界中（包括我们所在的这个可能世界），这一结论才成立。当然，我认为很难想象聋人的“无声”和听觉正常者的“无声”在现象上不同的可能世界——在这个意义上，我倾向于相信前提 1 在所有可能世界中都为真。感谢《哲学评鉴》的一位匿名审稿人以及梅剑华就这个问题提出的疑问。

由于人类与蝙蝠生理构造上的根本不同，人类无法想象成为蝙蝠会是什么样子。即便我们能弄清蝙蝠是通过其声呐系统来感知周围世界，即便我们能掌握超声波与蝙蝠声呐的工作机理，我们最多只能形成对蝙蝠经验的“简略的概念（schematic conception）”，而无法想象其经验具体是什么样子——比如，接受超声波是什么感觉（Nagel，1974：439）。内格尔进而将两者的经验鸿沟类比到正常人类的经验和天生聋哑者的经验之间的差异。他写道：

> 然而这一问题并不仅限于完全陌生的例子，它同样存在于人与人之间。比如，一位天生聋哑人的经验的主观性质无法为我所知，反之也大抵如此。[1]

在内格尔看来，听力正常者所感知到的与先天聋哑人所感知到的存在如此大的鸿沟，以至于即便同为人类的前者也无法想象后者的感受。如果人类之间都存在可想象性上如此之大的鸿沟，遑论不同物种之间。

然而，内格尔所指出的鸿沟并未提供否定前提 2 的充分理由。可想象性上的鸿沟并不代表两种经验在现象上必然不同。比如，一个从未吸食过大麻的人可能无法想象吸食大麻的感受，但这并不意味着吸食大麻的感受与他的主观经验完全不同——他可能某次喝醉后饮用了大量咖啡，这让他产生了和吸食大麻在现象上很类似的感觉，但是他并不知道两者的相似性。当然，有人可能会反对说：即便内格尔的论证没有证伪前提 2，但该论证所强调的可想象性上的

1　Nagel，1974：440.

鸿沟依然对任何试图正面支持前提 2 的理由提出有力的挑战。[1] 对此，我的回复是：聋人类比所关注的“现象上的相同性”是在声音的缺失上的相同性。即便两个主体在某些感质的拥有上有着截然不同的性质（比如，一个感知到的是色彩，另一个感知到的是超声波），从而使得主体间在此方面存在无法跨越的想象上的鸿沟，但这并不妨碍两者可以在缺失某类感质的层面上完全相同（比如，两者都没有感受到任何声音），从而使得主体间在感质缺失上不存在可想象性上的不可跨越的鸿沟。

同理，没有触觉器官的经验主体与有触觉器官但当下没有任何触觉的经验主体，可以在“没有任何触觉”方面具有相同的现象；没有嗅觉器官的经验主体与有嗅觉器官但当下没有任何嗅觉的经验主体，可以在“没有任何嗅觉”方面具有相同的现象。触觉和嗅觉等感觉形态，看起来同样满足“同类经验原则”。视觉由于之前所提到的注意力聚焦的问题，更难满足“同类经验原则”。但如果存在其内容不被注意力聚焦的视觉经验，那么我们或许也可以说任何主观经验都必然包含视觉形态的经验。进而，如果存在一个所有感觉维度的列表，那么依照上述论证的推理，我们可以得出：任何主观经验都必然包含所有感觉维度的相应形态的经验。

六、轮回理论

“任何主观经验都必然包含所有感觉维度的相应形态的经验”，这个结论似乎过于荒谬，以至于有人可能会用归谬法来否定聋人类

---

1 感谢《哲学评鉴》的一位匿名审稿人指出这一点。

比的有效性。此外，即便接受聋人类比的有效性，有人也可能会质疑说，这样荒谬的形而上学结论除了纯思辨的意义之外没有任何其他的价值。在文章的最后部分，我想对上述两种可能的质疑做一点回复。本文的论争是从一段佛教经文而起，我认为至少从佛教理论本身的视角来看，这个结论既非如此荒谬，也非毫无价值。

佛教主张“轮回说”，认为生命会在“六道”（地狱道、畜生道、饿鬼道、人道、天道、阿修罗道）中轮回。中国佛教和大乘佛教中的一些流派主张轮回必须有一个轮回主体。[1]比如，通常所说的“八识”（眼识、耳识、鼻识、舌识、身识、意识、末那识、阿赖耶识）中的阿赖耶识就被认为起着轮回主体的作用，“蕴藏着生出世间现象的‘种子’”，故而也称“种子识”（姚卫群，2002：65）。轮回主体会在不同道的各种生命形态中转生，而有些生命主体（比如人）具备完备的八识，另一些生命主体（比如蝼蚁、蝙蝠）则不具备完备的八识。如果轮回主体作为一个经验主体不具备所有的感觉维度，则会出现如下疑问：不具备完备的感觉维度的经验主体何以“蕴藏着生出世间现象的‘种子’”？如果承认“任何主观经验都必然包含所有感觉维度的相应形态的经验”，这个疑问则可以很容易地被解答。在这个意义上，聋人类比论证的结论非但不是完全荒谬[2]或毫无价值的，反而是对佛教轮回理论有帮助的形而上学预设。

---

1 对于这个轮回主体是否是“我”，在大乘佛教内部的各流派间也存在争议。通常认为早期佛教主张无我论。中国佛教大多承认有一个永生不灭的灵魂作为“我”的载体。参见姚卫群（2002）。

2 当然，对认为佛教的轮回主张本身就是“荒谬”的人而言，他们依然有理由认为“任何主观经验都必然包含所有感觉维度的相应形态的经验”这一说法是荒谬的。

致 谢

赵海丞、范震亚、陆鹏杰对本文的初稿提出了宝贵的书面意见；论文写作也得益于与王晓阳、陈强和刘泽亮的口头讨论；论文受邀在山西大学哲学社会学学院进行报告，得到了与会者（尤其是尤洋、梅剑华、陈敬坤和陈常燊）的批评和建议，在此一并表示感谢。此外，尤其要感谢《哲学评鉴》两位匿名审稿人给出的详尽、细致和富有洞见的批评和建议，让本文获益匪浅。

参考文献

陈晓平:《关于佛教一段经文和佛教整体性质的讨论》, 2021年3月6日，http://blog.sina.cn/dpool/blog/s/blog_5f5da8790102z652.html?type=-1。

姚卫群:《佛教的“轮回”观念》,《宗教学研究》2002年第3期，第59—67、141页。

Beauchamp, M. S. & Yoshor, D. (2020). Stimulating the brain to restore vision. *Science*, 370 (6521), 1168–1169.

Brink, D. (1989). *Moral Realism and the Foundations of Ethics*. Cambridge University Press.

Goff, P., Seager, W., & Allen-Hermanson, S. (2020). Panpsychism. Stanford Encyclopedia of Philosophy Archive. https://plato.stanford.edu/archives/sum2020/entries/panpsychism/.

Harman, G. (1998). The nature of morality. In Steven M. C. & Markie P. (Eds.), *Ethics: History, Theory, and Contemporary Issues*. Oxford University Press.

Magee, B. & Milligan, M. (1995). *On Blindness*. Oxford University Press.

Nagel, T. (1974). What is it like to be a bat? *Philosophical Review*, 83, 435–456.

O'Shaughnessy, B. (2000). *Consciousness and the World*. Oxford University Press.

Philips, I. (2013). Hearing and hallucinating silence. In Macpherson, F. & Platchias, D. (Eds.), *Hallucination: Philosophy and Psychology*. The MIT Press.

Sorensen, R. (2008). *Seeing Dark Things: The Philosophy of Shadows*. Oxford University Press.

Šterbáková, D. (2020). Can We Hear Silence? *Philosophia*, 48, 33–53.

Title: The Necessary Modes of Perceptual Experience

Abstract: Can someone without visual organs have an experience of seeing something? A dialogue in *The Shurangama Sutra* between the Buddha and one of his disciples, Ananda, gives a positive answer to this question. In the dialogue, the Buddha compares the experience of a blind person with that of an ordinary person situated in a completely dark room, and claims that they are phenomenally identical. Consequently, the Buddha concludes that a blind person can also have a perceptual experience of seeing complete darkness. This paper considers both conceptual and empirical objections to this "argument from darkness". After showing why the latter presents a greater challenge to the argument from darkness, the paper proposes a new argument, "the argument from silence", which, it argues, can be better defended against empirical objections. On the basis of this new argument, the paper draws a further conclusion: any experience contains perceptual experiences of all possible modes, such as visual, auditory, and olfactory mode. Finally, the paper considers why this seemingly ridiculous conclusion can nevertheless be an attractive metaphysical position to Buddhism.

Keywords: *The Shurangama Sutra*; argument from darkness; perception

结构性共相：一种分层的构造[1]

李　潇[2]

摘　要：结构性共相是这样一种共相，例示它的个体应该具有真部分，并且一些真部分应该例示另外一些特定的共相。刘易斯（Lewis）认为结构性共相的概念是不自洽的，因为不同的结构性共相拥有完全相同的真部分，这是不可接受的。为了应对以上挑战，卡尔哈特（Kalhat）主张结构性共相是一阶共相与二阶关系所组成的分体学整体。本文认为卡尔哈特的理论不足以完满地解释共相之间的相似现象。本文将提出另一种理论：结构性共相是一阶共相落在二阶关系之下所构建成的，并且有些结构性共相具有分层的组合结构。

关键词：结构性共相；共相之间的相似；分体学；部分；组合；分层；高阶共相

1　收稿：2020 年 7 月 3 日；返修：2020 年 7 月 28 日；录用：2020 年 9 月 18 日。本文通过了《哲学评鉴》匿名评审，发表于合作期刊《清华西方哲学研究》2020 年第 6 卷第 2 期。经《清华西方哲学研究》编辑部同意，本文经再次修订转载于此。

2　李潇，清华大学哲学系硕士，现为维也纳大学博士研究生，主要研究形而上学与语言哲学。电子邮箱：today1911@163.com。

一、导论

不同的个体可以在某一个方面相似，例如红色的汽车和红色的苹果在（二者）都是红色这一方面相似。为了解释这一现象，共相实在论者主张，不同的个体之所以在某一方面相似，是因为它们都例示（instantiate）了同一个共相（universal）。例如所有红色的个体都例示了*红色*[1]这一共相，从而在是红色这一方面是相似的。共相的特征是能够被多个个体所例示。

而结构性共相（structural universals）则是这样一类共相，例示它的个体必须满足一定的结构要求，即该个体必须要有真部分（proper parts）[2]，并且其某些真部分要分别例示另外一些特定的共相。例如一个甲烷（CH_4）分子例示*是甲烷分子*这一共相，当且仅当组成它的一个原子例示*是碳*这一共相，另外四个原子例示*是氢*这一共相，并且每个氢原子都与那个碳原子相连接。这样，我们就称*是碳*（*C*）、*是氢*（*H*）、*被连接*（*B*）这三个共相为结构性共相*是甲烷分子*的真部分。

然而，刘易斯认为结构性共相这一概念是不自洽的。这是因为他认为经典外延分体学（Classic Extensional Mereology，CEM）唯一且完备地刻画了整体—部分关系的普遍特征。根据 CEM，不同的整体必然拥有不同的真部分。但是有些不同的结构性共相却似乎拥有完全相同的真部分。考虑以下两个例子：（a）比较*是甲*

1　本文以斜体表达式指称共相，下同。

2　真部分是指一个组合体除自身之外的部分。

烷分子（CH_4）和*是乙烷分子*（CH_3CH_3）这两个共相，如果它们都是结构性共相，那么它们的真部分都是*是碳*、*是氢*、*被连接*三个共相。为了区分二者，我们需要能够说明*是甲烷分子*拥有*是氢*这一共相作为部分四次，而*是乙烷分子*则拥有*是氢*作为部分六次。然而，根据 CEM 的另一个原则，一个整体加上其部分还是这个整体。因而 CEM 对部分出现的次数不敏感，不能以此区分不同的结构性共相。（b）即便以上问题被克服，我们还需要考虑*是丁烷分子*（$CH_3CH_2CH_2CH_3$）和*是异丁烷分子*（$CH(CH_3)_3$）这两个共相，它们的区别在于例示前者的分子中的四个碳原子连成一串，而例示后者的分子中的碳链有分叉。如果它们是结构性共相，且真部分是*是碳*、*是氢*、*被连接*三个共相，那么它们的真部分和分别拥有各部分的次数都相同。因此我们还没有办法单纯在真部分方面将*是丁烷分子*和*是异丁烷分子*两个共相区分开（Lewis，1986：33–41）。[1]

为了回应刘易斯的挑战，卡尔哈特主张*是丁烷分子*这一共相的真部分除了*是碳*、*是氢*、*被连接*以外，还包括一个二阶关系性共相*以丁烷的样子被安排*（A_b）。后者是一个二十七元关系，其关系项是其他共相，即

$$A_b(\underbrace{C, C, C, C}_{4\text{个}}, \underbrace{H, H, H, H, H, H, H, H, H, H}_{10\text{个}}, \underbrace{B, B, B, B, B, B, B, B, B, B, B, B, B}_{13\text{个}})$$

1 关于刘易斯对结构性共相概念的挑战及各种应对策略，可以参考费希尔（Fisher，2018）所做的综述，以及卡尔哈特（Kalhat，2008）、班尼特（Bennett，2013）、佛利斯特（Forrest，2016）、罗德里格斯–佩雷拉（Rodriguez-Pereyra，2017）等。本文不拟对刘易斯的挑战做完整而独立的回应，也不拟对除卡尔哈特（2008）以外的其他回应做出评论。

而*是异丁烷分子*的真部分中则包括一个与 A_b 不同的二阶关系性共相[1] *以异丁烷的样子被安排*（A_i），从而使得二者具有不同的真部分（Kalhat，2008：65–67）。

然而，在我看来，卡尔哈特的上述主张面临一个严重的挑战，即它不能为某些特定的共相之间的相似现象提供令人满意的解释，而被用于解释共相之间的相似现象是结构性共相的一个重要的理论作用。让我们考虑以下三个共相，*是甲酸分子*（*HCOOH*）、*是乙酸分子*（CH_3COOH）和*是甲醛分子*（CH_2O）。按照卡尔哈特的理论，它们除了共有*是碳*、*是氢*、*是氧*、*被连接*作为真部分之外，还分别拥有*以甲酸的样子被安排*、*以乙酸的样子被安排*、*以甲醛的样子被安排*作为真部分。按照阿姆斯特朗（Armstrong）的主张，两个结构性共相相似当且仅当它们共享某些真部分（Armstrong，1989：103–107）。以上三个共相由于共享*是碳*、*是氢*、*是氧*、*被连接*，所以它们之间具有某种相似性（例如例示它们的分子在充分氧化之后会产生二氧化碳和水）。然而*是甲酸分子*和*是乙酸分子*之间具有一个更为显著的相似性，即例示它们的分子在水溶液中会电离出氢离子，这是甲醛分子所不具有的。而按照卡尔哈特的理论，并没有什么真部分是*是甲酸分子*和*是乙酸分子*之间共享却不与*是甲醛分子*共享的。因此，这一重要的共相之间的相似性就不能诉诸结构性共相来进行解释，从而使其理论吸引力大打折扣。

针对这一问题，我将提出一个关于结构性共相的改进的构成方式理论。这一理论有两个主要主张：一是结构性共相是以作为其真

---

1 在本文中，一阶共相是指为个体所例示的共相，如*红色*。二阶共相则是为一阶共相所例示的共相，例如（*颜色*）*比……更深*。

部分的一阶共相依次落在二阶关系之下的方式构建而成的，它们都是结构性共相的真部分；二是有一些结构性共相是分层的，作为其真部分的诸共相在不同层次上先后组合在一起构成了最终的共相。这种结构性共相的概念既能在组成上区分不同的结构性共相，又能比卡尔哈特（2008）更好地解释共相之间的相似现象。下面，我将首先展示卡尔哈特（2008）的方案，然后提出我的改进的理论，并在最后讨论一些对我的理论的反驳并做出回应。

二、卡尔哈特的结构性共相理论

由*是丁烷分子*和*是异丁烷分子*的例子，我们可以看出，结构对于结构性共相的同一性而言是相当重要的。因此，为了区分不同的结构性共相，就需要以某种方式将其结构特征纳入考量。卡尔哈特（2008）认为这一部分是一个二阶关系性共相，即该关系的关系项是其他共相，我们称这类关系性共相为安排共相（arrangement universal），其所对应的关系为安排关系。这样，一个结构性共相就是由包括相应的安排共相在内的诸共相所组成的分体学整体（分体学整体即其整体—部分关系符合 CEM 所描述的特征的整体）。

以*是丁烷分子*这一共相为例，卡尔哈特认为，这一共相的真部分除了*是碳*（*C*）、*是氢*（*H*）、*被连接*（*B*）之外，还包括一个二阶的关系性共相——*以丁烷的样子被安排*（*being butane-wise arranged*，A_b）。那么这一共相是什么样的呢？我们可以通过两步抽象来得到这一共相。

首先，有一个丁烷分子 b，组成它的各个原子在空间中按照特定的相对位置被安排。其次，从 b 是丁烷分子这一事态中抽象掉具体的原子，从而得到*是丁烷分子*这一共相。卡尔哈特认为这一共相与分子 b 同构。最后，从*是丁烷分子*这一共相中抽象掉所有的一阶共相，即*是碳*（C）、*是氢*（H）、*被连接*（B），我们就得到了*以丁烷的样子被安排*（A_b）这一二阶共相。该共相也与分子 b 同构（Kalhat，2008：65–67）。这样，A_b 是一个二十七元关系，它的关系项是其他一阶共相，即

$$A_b\,(\underbrace{C, C, C, C,}_{4\text{ 个}}\underbrace{H, H, H, H, H, H, H, H, H, H,}_{10\text{ 个}}\underbrace{B, B, B, B, B, B, B, B, B, B, B, B, B}_{13\text{ 个}})$$ [1]

其结构如下图所示（F、G 和＝为表示一阶共相的变项）：

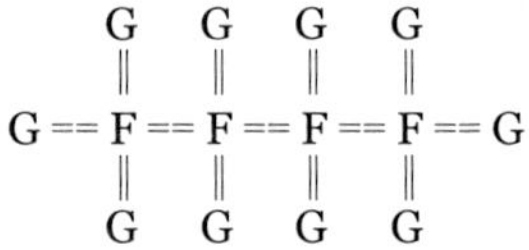

图 1　*以丁烷的样子被安排*

类似地，*是异丁烷分子*也有一个真部分是*以异丁烷的样子被安排*（A_i），A_i 同样是一个二十七元关系，但是其结构如下图：

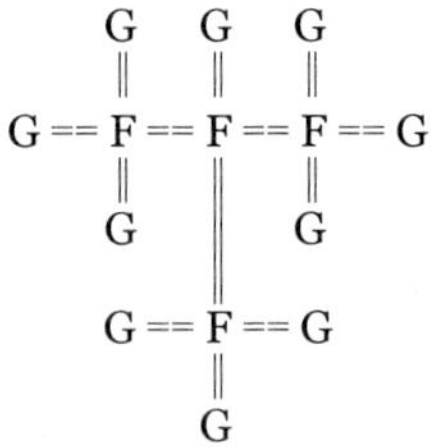

图 2　*以异丁烷的样子被安排*

由于 A_b 和 A_i 是两个不同的共相，所以*是丁烷分子*和*是异丁烷分子*

1　同一个东西可以重复多次地成为一个关系的关系项，这对共相而言也是成立的。

不共享所有的真部分，从而不同。同理，*是甲烷分子*与*是乙烷分子*也因为其各自所包含的安排共相不同而不同。

但是，我在导论中提到，这一理论并不能够完满地解释共相之间的相似现象。例如它只能解释为什么*是甲酸分子*（$HCOOH$）、*是乙酸分子*（CH_3COOH）和*是甲醛分子*（CH_2O）在作为有机物这一方面相似，却不能解释为什么这三者中只有前两者在作为羧酸这一方面相似。化学上认为所有的甲酸分子与所有的乙酸分子有如下相似性，即在水溶液中会电离出氢离子。依此，甲酸和乙酸被归类为羧酸，而甲醛则不在此列。按照阿姆斯特朗的主张，我们应该这样解释以上现象，即*是甲酸分子*与*是乙酸分子*两个结构性共相共有一个真部分 C，*是甲醛分子*则不拥有它。但是，按照卡尔哈特的理论，以上三个共相都共有*是碳*、*是氢*、*是氧*、*被连接*作为真部分。除此之外，它们还分别拥有安排共相*以甲酸的样子被安排*、*以乙酸的样子被安排*、*以甲醛的样子被安排*，这三个共相都是简单的（即没有真部分），因此互相之间不存在相似关系。（这是因为按照阿姆斯特朗的主张，只有共享真部分的共相才互相相似，而简单共相没有真部分。）这样，并没有一个共相 C 为*是甲酸分子*和*是乙酸分子*所共享且不是*是甲醛分子*的真部分。因此，卡尔哈特的理论不能解释以上相似现象，而且考虑到这种相似现象极为普遍，该理论的吸引力将大打折扣。为此，我将提出一个改进的理论来试图解决这一问题。

三、改进的理论

为了更好地说明该理论，我将首先请读者考虑一种句法学中的

现象，即语言表达式的歧义。有一类歧义是这样发生的，例如

I see the cat in the room.

这一表达式是有歧义的，它可以对应两种不同的句型（sentence types）：

S_1：I see（the cat in the room）.

S_2：I（see the cat）in the room.

可以发现，组成 S_1 和 S_2 的所有词类（word types）都相同，并且它们的出现次序也相同。因此，我们就不能通过单纯诉诸词类来解释以上两个句型之间的不同。而句法学家们则主张，句型的构成方式是分层的，在句型和词类之间还存在多个处于不同层级的语法结构，正是这些中层结构上的差异使得 S_1 和 S_2 不同。对 S_1 而言，“the cat”和“in the room”首先组成名词词组（NP）“the cat in the room”，该词组再与动词“see”结合成动词词组（VP）“see the cat in the room”。S_2 则不同，其中“see”首先和“the cat”组成动词词组“see the cat”，该词组再与“in the room”组成另一个动词词组“see the cat in the room”。也就是说，相同的一组词类可以以不同的方式组成不同的中层结构（如不同的名词或动词词组），从而最终组成不同的句型。

如果将上述例子中的句型与结构性共相相类比，词类与结构性共相的一些真部分相类比，我们可以发现两类现象之间存在结构上的类似关系。例如*是甲酸分子*和*是乙酸分子*都共享*是碳*、*是氢*、*是氧*、*被连接*这些真部分，却是两个不同的共相。那么是否可以认为这些结构性共相也有不同层级的组合结构呢？答案是肯定的。我们可以借助有机化学中关于官能团（functional group）的相关理论来描述这些中层结构。官能团是一类次分子结构，它可以是一个原子也可以是一个

原子团，并且总是决定着有机化合物的化学性质。例如甲基（$-CH_3$）就是一个官能团，羧基（-COOH）也是。如果每一类作为原子团的官能团都对应一个共相，那么这些共相就处于某些结构性共相的组成结构的中层。例如我们可以认为*是甲酸分子*（*HCOOH*）由处于某一安排关系中的*是氢*（*H*）、*是羧基*（*-COOH*）、*被连接*（*B*）参与组成，而*是羧基*又是由处于另一安排关系中的*是碳*（*C*）、*是氢*（*H*）、*是氧*（*O*）、*被连接*（*B*）参与组成。图示如下：

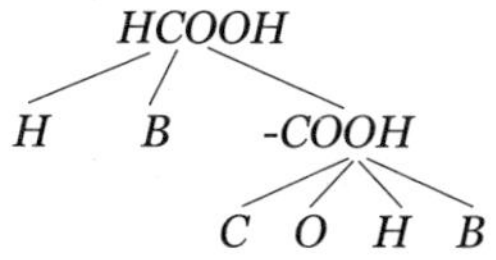

图 3　*是甲酸分子*的分层结构示意图

以上想法所带来的好处是显而易见的。我们可以发现，*是甲酸分子*和*是乙酸分子*都具有*是羧基*这一共相作为中层真部分，而*是甲醛分子*则不具有。而恰恰是例示*是羧基*这一共相的官能团使得例示前二者的分子能在水溶液中发生电离。这样，结构性共相的理论圆满地解释了前二者之间所具有的相似性。

然而，要使以上想法成为一个自洽的理论还需要做更多的工作。

按照卡尔哈特的理论，一个结构性共相是一个分体学整体。这样，我们可以认为*是羧基*是由*是碳*、*是氢*、*是氧*、*被连接*和*以羧基的样子被安排*组成。而 CEM 中有一个原则是说一个整体加上其部分还是这个整体。由于*是羧基*本身已经拥有*是氢*作为部分，那么再说*是氢*与*是羧基*进一步组成新的整体是没有意义的。因此，*是甲酸分子*就不能如图 3 所示进一步由*是羧基*、*是氢*、*是碳*、*被连接*以及

*以甲酸的样子被安排*组成，而只能由*以甲酸的样子被安排*和*是羧基*所组成。由此，我们可以进一步指出*是甲酸分子*是由*是碳*、*是氢*、*是氧*、*被连接*、*以甲酸的样子被安排*和*以羧基的样子被安排*六个共相所组成的分体学整体。然而，即便在新的尝试中，我们增加了一个与中层结构对应的安排共相（*以羧基的样子被安排*），也不足以区分开所有不同的结构性共相。为了说明这一点，让我们考虑一个简化的例子。

假设结构性共相 F_1 有一个中层结构 M_1。其组成方式是共相 A 和 B 先处于安排关系 R_1 之下组成 M_1，再由 M_1 和 C 处于安排关系 R_2 之下组成 F_1（如图 4）。按照卡尔哈特的理论，F_1 最终是由 A、B、C、R_1 和 R_2 所组成。而另外一个结构性共相 F_2 也由以上五个共相组成，只不过在 F_2 中是先由 B 和 C 处于 R_1 之下组成中层结构 M_2，再由 M_2 和 A 处于 R_2 之下组成 F_2（如图 5）。

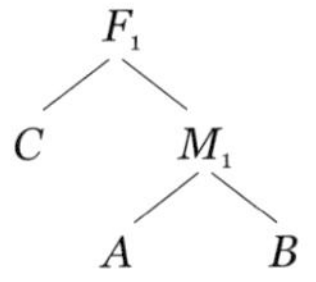

图 4　F_1 的构成示意图

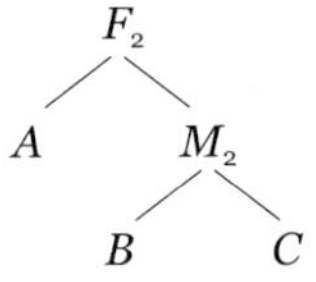

图 5　F_2 的构成示意图

如果到底是哪两个共相落在 R_1 之下对于区分 F_1 和 F_2 而言是至关重要的，它们就是两个不同的共相。但是按照卡尔哈特的理论，它们都由 A、B、C、R_1 和 R_2 组成，从而无法得到区分。有人可能会抗议道，在这组例子中，F_1 有一个真部分 M_1 是 F_2 所不具有的。然而这是错误的。因为按照卡尔哈特的理论，M_1 是 A、B 和 R_1 的分体学整体。而在刘易斯版本的 CEM 中有一个无限组合原则，即只要几个东西存在，由它们组成的分体学整体就随之存在。由于 F_2 的真部分中有 A、B 和 R_1，那么根据无限组合原则，F_2 的真部分中就有它们的分体学整体 M_1。同理，F_1 也有一个真部分 M_2。[1]

因此，为了能够更好地区分不同的结构性共相，我将放弃卡尔哈特关于结构性共相是其真部分的分体学整体的主张，而是主张：

（组合原则）所有结构性共相都是由一个或一些一阶共相依次落在二阶关系（共相）之下构建而成的。一阶和二阶共相都是结构性共相的真部分。[2]

假设有一阶共相 A、B、C 和二阶安排共相 R。按照卡尔哈特的理论，它们只能组成唯一结构性共相，因为它们只能组成唯一分体学整体。但是按照（组合原则），以 R（A，B，C）的方式组合形成的共相 F_1 和以 R（A，C，B）的方式组合形成的共相 F_2 可以是不同的两个共相。类似地，上一段中的 R_2[C，R_1（A，B）] 和 R_2[A，R_1（B，C）] 也可以是不同的两个共相。也就是说，在接受这一原则之后，我们就能允许两个真部分完全相同但互相不同的结构性共相存在。关于这一原则，有人可能会有以下怀疑：一阶共相落在二阶关系之下又形成一个新的一阶共相（结构性共相也是一阶的）能否被允许？答案是肯定的，因为我们可以在语义学中找到平行的理论。例如，Run（x）是一个一阶谓词，它也可以落在一个二阶谓词 Quickly（x）之下形成一个新的一阶谓词，即 Quickly[Run（x）]

1 其实，即便不考虑先后组合的问题，卡尔哈特的理论也体现出在区分不同结构性共相方面的缺陷。例如对 $CH_3CH_2CHClCH_2CH_3$ 和 $CH_3CHClCH_2CH_2CH_3$ 两个共相而言，其中层结构是一致的，唯一的区别在于 *-CHCl-* 在五元安排关系 R 中出现的顺序不同。但是卡尔哈特的理论无法体现这一区别。

2 有的结构性共相的真部分里只有一个一阶共相，例如*是两个电子*的真部分中就只有*是一个电子*这一个一阶共相。

= Run Quickly（x）。这种例子有很多，可见并没有什么原则能够否认这种组合方式的可能性，并且这种组合方式也没有什么神秘的地方。另外，还会有人（比如刘易斯）认为任何不同于分体学的描述的"组合"方式都不能被称为真正的组合。我则认为我们对于什么是组合有着日常的理解，而（组合原则）所描述的这种整体与部分的关系完全符合我们日常对组合这一概念的理解。（我会在第四部分对反驳 3 的回应中详细展开我的论证。）

方便起见，我们约定，$S = \mathrm{R}(P_1, P_2, \cdots)$ 读作共相 $P_1, P_2, \cdots$ 以 $\mathrm{R}(P_1, P_2, \cdots)$ 的方式落在安排关系 R 之下，形成结构性共相 S。这样，我们就可以将*是甲酸分子*（*HCOOH*）的组成表示如下：

$$
\begin{aligned}
HCOOH &= \mathrm{A}_1(H, \text{-}COOH, B) \\
\text{-}COOH &= \mathrm{A}_2(C, O, O, H, B, B, B)
\end{aligned}
\qquad (1)
$$

由（1）可以很清楚地看出，*是甲酸分子*经历了两步组合：第一步，*是碳*、*是氢*、*是氧*、*被连接*处于关系 A_2 之下，从而形成*是羧基*这一中层共相（它也是一个结构性共相）；第二步，*是羧基*再与*是氢*、*被联系*处于关系 A_1 之下，从而形成最终的结构性共相。因此，我们有以下原则：

（分层原则）存在这样一些结构性共相 F，使得 $F = \mathrm{A}_1(G_1, G_2, \cdots)$，$G_1 = \mathrm{A}_2(H_1, H_2, \cdots)$ ……并且 $G_1, \cdots, H_1, \cdots$ 以及 $A_1, A_2, \cdots$ 都是 F 的真部分。

将（组合原则）与（分层原则）结合起来，就是改进的关于结构性共相的构成的理论。需要说明的是，参与构成结构性共相的那些中层共相（$G_1, \cdots$），可以不局限于上面所提到的官能团所例示的共相（关于这一点我会在文章的第四部分进一步讨论）。让我们以同样的方法表示是乙酸分子的组成结构：

$$CH_3COOH = A_1(CH_3, -COOH, B)$$
$$-COOH = A_2(C, O, O, H, B, B, B)$$
$$-CH_3 = A_3(C, H, H, H, B, B, B)$$

与（1）对比，可以很明显地看出，*是甲酸*和*是乙酸*共享*是羧基*（$-COOH$）这一中层结构，从而在*是羧酸*这一点上相似，而*是甲醛*则缺乏这一中层结构。相比于卡尔哈特的理论，改进的理论在解释此类共相之间的相似现象上具有明显的优势。

有了这一理论，我们再来讨论一下刘易斯所提出的挑战。以*是丁烷分子*（$CH_3CH_2CH_2CH_3$）为例，其组成可以表示为：

$$CH_3CH_2CH_2CH_3 = A_4(-CH_3, -CH_2-, -CH_2-, -CH_3, B, B, B)$$
$$-CH_3 = A_3(C, H, H, H, B, B, B)$$
$$-CH_2- = A_5(C, H, H, B, B)$$

而*是异丁烷分子*（$CH(CH_3)_3$）的组成则是：

$$CH(CH_3)_3 = A_6(C, H, -CH_3, -CH_3, -CH_3, B, B, B, B)$$
$$-CH_3 = A_3(C, H, H, H, B, B, B)$$

很明显前者有 $-CH_2-$ 这一中层部分，后者则没有，同时它们不共享所有的安排共相（如 A_3, A_5, A_6）。因此改进的理论可以在构成方面有效地区分不同的结构性共相。并且，通过*是甲酸*的例子可以看出，该理论还能够较好地解释一些共相之间所具有的显著的相似性。

最后，我认为改进的理论相比于卡尔哈特的理论（2008）而言还有一个优势，即前者所需要承诺的安排共相或安排关系的数目将远远小于后者，从而在本体论上更加节约。这是因为对于卡尔哈特（2008）而言，每有一个结构性共相就需要承诺一个特殊的安排共相，但是改进的理论则不是这样。例如我们假设*是甲烷分子*（CH_4）的组成为

$$CH_4 = \mathrm{A}_0(C, H, H, H, H, B, B, B, B) \quad (2)$$

那么*是新戊烷分子*［$C(CH_3)_4$］的组成就可以表示为

$$C(CH_3)_4 = \mathrm{A}_0(C, \text{-}CH_3, \text{-}CH_3, \text{-}CH_3, \text{-}CH_3, B, B, B, B)$$
$$\text{-}CH_3 = \mathrm{A}_3(C, H, H, H, B, B, B)$$

这是因为我们可以把一个新戊烷分子视为将一个甲烷分子的所有氢原子都替换为甲基所得到的，所以最终参与组合成*是新戊烷分子*这一共相的安排共相 A_0 与*是甲烷分子*中的是同一个。而按照卡尔哈特的理论（2008），我们只能承诺一个新的*以新戊烷的样子被安排*共相。由于改进的理论将结构性共相视为分层组合的产物，我们就有可能只承诺有限数目的基础安排共相，通过将它们与其他共相依照不同方式辗转组合，从而构建出更多的结构性共相。

四、反驳与回应

在这一部分，我将讨论五个对改进的理论的反驳并试图为之辩护。

反驳 1 化学科学中关于官能团的理论已经过时了，甚至可能是错误的。这样，依照该理论构建的改进的理论也会是错误的。

回应： 改进的理论虽然在描述有机分子所例示的共相时采纳了关于官能团的理论的相关内容，却不依赖于这一理论。这是因为改

进的理论的要点在于主张有些结构性共相是分步组合而成的，具有中层结构。虽然本文将这些中层结构视为官能团，并以此来解释相关分子的化学特性，但是即便关于官能团的理论是错误的，本文也可以将新的理论所描述的能够解释某一类分子的化学特性的次分子结构视为中层结构。更进一步，我们可以发现，分层组合这一模式在各个领域中都是十分常见的。例如一些零件先被组装成发动机，发动机再和其他构件一起被组装成飞机；词先组合成词组，再和其他词组一起组成句子；细胞先组成组织，再和其他组织一起组成器官，进而组成生物体……即便在某一领域中关于中层结构到底有哪些的理论发生了变化，也不会否认分层模式本身，从而不会对改进的理论构成挑战。

反驳 2 我们可以主张，结构性共相中的二阶关系十分特殊，以至于到底是哪些一阶共相以何种顺序落在其下都是唯一确定的。以上一部分图 4 和图 5 中讨论的二阶关系 R_1 为例，其本质决定了只有 R_1（A, B）是可能的，其他诸如 R_1（B, A）和 R_1（B, C）等情况都是不可能的。这样，不同的结构性共相就必然会拥有不同的二阶关系。如果在卡尔哈特的理论中加入这一主张，再加入关于中层结构所对应的二阶关系的内容，那么这样一个新的方案就既保持了结构性共相是一阶和二阶共相组成的分体学整体这一看法，又能够反映一些结构性共相的分层结构。这一新的方案就将是一个比改进的理论更有吸引力的关于结构性共相分层结构的理论。[1]

回应：卡尔哈特确实可以通过该方案修补自己的理论，但是在我看来这一方案并不如它乍看起来的那样有吸引力。理由如下：第

---

1 感谢匿名审稿人提出这一意见。

一，任何一个一阶关系性共相都必须为不同的一组个体所例示（共相的本质特征就是能够被不同的个体所例示），因而也就不会只允许唯一一组个体以唯一的顺序落在其下。而我们是类比着一阶关系来设想二阶关系的，因而二阶关系也不应该只允许唯一一组一阶共相以唯一的顺序落在其下，否则乍看起来十分不自然。第二，除了组成结构性共相的二阶关系之外，还有其他的二阶关系，例如（颜色）比……更深，它们对落在其下的共相没有唯一的要求。那么是什么使得组成结构性共相的二阶关系具有如此特别的本质呢？如果没有合理的解释，该方案将显得是特设的（ad hoc）。第三，即便不考虑以上两点，采纳该方案就要求任何一个结构性共相都拥有至少一个独有的二阶关系，从而使卡尔哈特的理论在本体论上不够经济。

反驳 3 刘易斯认为 CEM 已经完整地描述了组合的概念，因此不可能还有一个更加具有概括性的组合概念使得 CEM 是其中的一个特例（Lewis，1986：39）。换句话说，不可能有一种关于整体—部分关系的概念与 CEM 在根本上不同，却还能够被视为一种关于组合的概念。而按照（组合原则），结构性共相不是分体学整体，其整体—部分关系的特征不符合 CEM 的描述。因此，修正的理论所设想的结构性共相的观念也是不自洽的。[1]

回应：确实，我的理论并不将结构性共相视为分体学整体，但是这并不意味着我的理论中结构性共相所对应的组合概念是不可接受的。我将提供以下三个理由：

首先，我们对于整体—部分这一对概念有着日常的直觉。例

---

1 感谢匿名审稿人提出这一问题。

如，整体由部分组合而成（composed of）或者构建而成（built up from），改变部分将改变整体的同一性或特征（Fine，2010：560）。而改进的理论中的结构性共相与其真部分之间的关系也符合以上直觉。一个结构性共相是由一些一阶共相落在二阶共相之下构建而成的，改变一个部分将使一个结构性共相变成另外一个（如将 CH_4 中的 C 换成 Si 就形成了一个新的结构性共相 SiH_4）。可见将结构性共相视为一阶和二阶共相所组成的整体是十分自然的，符合我们关于整体—部分的日常直觉。

其次，我们可以很容易地找出与我的理论中的结构性共相在组成方式上类似的整体。考虑句子“a 爱 b”，我们一般认为它是由名字“a”“b”先后落在谓词“……爱……”之下所组成的一个整体。但是同样三者还可以组成另一个句子“b 爱 a”，从而与 CEM 的原则相悖。类似地，阿姆斯特朗认为事态“a 爱 b”是由 a 和 b 两个个体先后落在二元关系……爱……之下所构成的，同样三者也可以组合成事态“b 爱 a”（Armstrong，1989：90–91）。如果我们能够接受以上关于句子和事态的观点，我们也就能够承认结构改进的理论中的结构性共相是整体。

最后，CEM 的诸原则能否应用在诸如句子、结构性共相、事态等具有结构的事物上是可疑的。前面提到，CEM 的原则主张两个不同的整体不可能具有完全相同的真部分。换言之，单凭真部分有哪些就能够判断整体的同一性。也正是因此，CEM 对真部分的出现顺序、出现次数、互相之间关系、层次等结构性要素统统不敏感，认为它们与整体的同一性无关。但是，粗略地说，对于我们一般设想的具有结构的整体而言，该整体的同一性在很大程度上取决于结构性要素。同样的部分在不同的结构下互相组合就形成了不同的结构性的整体。因此，坚持将 CEM 的诸原则应用在结构性的事物上是不恰当的，从而以不满足 CEM 诸原则这一理由来排除某些结构性整体的存在也是不合理的。[1][2]

综上，我们完全有理由认为结构性共相是一种由一阶与二阶共相构成的整体，尽管其整体—部分关系的特征与 CEM 诸原则相左。

反驳 4　假设一个结构性共相 *S* 的一个真部分是 *F*，有如下关系成立：

（Co-instantiation）[redacted]（每一个例示 *S* 的个体都有一个真部分例示 *F*）（Fisher，2018：2）

例如必然地，如果*是甲烷*被例示，那么*是碳*也作为部分被例示，但是为什么必须是这样？［But "why *must* it be that if something instantiates *methane*, then part of it must instantiate *carbon*?"（Lewis，1986：41）[3]］由于 *S* 和 *F* 是两个不同的共相，以上的必然关系就需要得到解释。而如果接受（组合原则），我们就不能解释共例示（Co-instantiation）。这是因为根据该原则，*S* 既不是 *F* 所参与构成的集合，也不是 *F* 与其他共相的分体学整体，从而不能解释为什么前者被例示的时候后者必然被例示。

回应：在接受（组合原则）之后，*S* 与 *F* 之间确实不存在集合论或者分体学的关系。但是，由于 *S* 是由 *F*（或者 *F* 和其他一阶共

1　例如，刘易斯就试图用 CEM 的诸原则来构造集合，认为集合是其诸子集的分体学整体。即便如此，刘易斯还得保留单元素集作为构成集合的最基础的材料，单元素集与其元素之间的关系就不是分体学的整体—部分的关系，也不能被还原为任何分体学式的关系。而我们可以发现，正是这一非分体学的关系才使得集合具有层次，从而使集合论具有 CEM 本身所不能具有的强大的表达力。参考 Lewis，1991：Ch. 2，29ff。

2　对本段主张更详尽的论述可参考 Lando，2017：128–131。

3　斜体是原作者所标。

相）以处于某个安排关系 A 之下的方式构建而成的整体，二者之间本质地存在依赖关系。一般来说，一个整体就是一些部分通过某种方式组合起来产生的结果，这个整体的同一性就由这些部分以该方式组合起来这一事实所解释（Fine，2010：582）。因此，要解释整体为何存在，就得诉诸其部分存在并且通过某种方式组合起来这一事实。具体到结构性共相 *S* 身上，要解释 *S* 为何被例示，就得诉诸以下事实，即 *F*（或者 *F* 和其他一阶共相）被例示并且处于某个安排关系 A 之下。也就是说，*S* 被例示部分地奠基于（grounded in）*F* 被例示，这一奠基关系本身是由 *S* 作为 *F* 以如此的方式参与构成的整体的本质所决定的。再加上 *F* 必然是 *S* 的真部分，因此必然地，当 *S* 被例示时 *F* 也被例示。[1] 而 *F* 要么被例示 *S* 的个体所例示，要么被该个体的真部分所例示。由于结构性共相的真部分往往是与它自己互斥的，即一个个体不可能既例示 *S* 又例示 *F*（例如一个甲烷分子不可能既是甲烷分子又是碳原子），从而必然地，*F* 被所有例示 *S* 的个体的真部分所例示。

反驳 5 按照（分层原则），同一个结构性共相可能拥有不同的组合方式，从而使改进的理论无法给出关于结构性共相的同一性标准。例如*是甲烷分子*，其组成方式除了如（2）所示之外还可以是：

$$CH_4 = \mathrm{A}_8(C, \text{-}CH_3, B)$$
$$\text{-}CH_3 = \mathrm{A}_3(C, H, H, H, B, B, B) \qquad (3)$$

1 在阿姆斯特朗关于事态的理论中有一类平行的例子。例如，“a 是 *F*”这一事态以共相 *F* 为真部分，却不是 a 和 *F* 的分体学整体或者二者参与构成的集合。但是这一事态对 *F* 有存在上的依赖关系，从而使得当这一事态成立时 *F* 必然被例示。

二者明显不同，而且（3）显示*是甲烷分子*有一个中层部分*是甲基*，这是（2）所并未说明的。既然我们可以任意拆分同一个结构性共相，那么就不能用改进的理论所给出的结构式来判断结构性共相的同一性。而改进的理论并没有给出其他关于结构性共相同一性的标准。

回应：首先，我们不能允许任意拆分一个结构性共相。例如要判断某个结构性共相的真部分中是否有*是甲基*这一中层共相，需要参考化学科学研究，即只有当化学科学认可例示前者的分子中确实有甲基这个官能团的时候，我们才能认定*是甲基*是前者的真部分，并以此对前者进行拆分。

其次，假设化学家或其他科学家认为某一分子（如甲烷分子）或其他物体可以有多个不同的拆分方式，那么*是甲烷分子*的结构式既可以是（2）又可以是（3）。又比如，我们应该允许每一个长度共相都具有多种拆分方式。例如*是五米长*这一共相，我们应该既允许它被拆分成*是一米长*和*是四米长*，从而得以与*是四米长*共有最大的真部分，又允许它被拆分为*是两米长*和*是三米长*，从而得以与*是三米长*共有最大的真部分。但这些情况并不意味着我们缺乏理论资源来给出关于结构性共相同一性的标准，因为我们本不需要只借助拆分方式来判断两个结构性共相是否同一。例如，我们可以通过一类个体在某一方面所具有的客观的相似性或者一类个体所扮演的某个因果角色来确定共相；或者由相关的科学理论来告诉我们两个自然属性是否同一，从而认定共相的同一性。

最后，如果需要的话，原则上我们当然可以给每一个结构性共相指定一个唯一的拆分方式。以长度共相为例，它们中的每一个之所以具有不同的拆分方式，是因为它们不自然具有分层结构。在这种情况下，如果想要通过结构式来判断长度共相的同一性，我们只需要采用一个统一的拆分模式对它们进行拆分即可（例如都不分层地进行拆分）。类似地，如果自然不在*是甲烷分子*到底应该按照（2）或（3）中的哪一方式进行拆分这一点上给我们指引，我们就可以指定某一个拆分方式为它的标准拆分方式，并以此作为判断其同一性的依据。

更进一步，我们可以设想一个理想的统一的结构性共相结构式系统。在某一结构性共相存在多种拆分方式的时候，该系统会综合考虑表达的便利性、本体论的节约性等因素，指定某一个拆分方式为该结构性共相的标准拆分方式，从而得到其标准结构式。例如对于长度共相而言，不分层地拆分方法是标准的。这样，我们依旧可以依据标准结构式来判断结构性共相的同一性，即对于任意结构性共相 S, P, $S = P$ 当且仅当它们所对应的标准结构式相同。

五、结语

本文试图给出一种改进的关于结构性共相构成方式的理论。按照这一理论，第一，结构性共相是由一阶共相依次落在二阶安排关系之下构建而成的；第二，许多结构性共相是以有层次的方式依次被组合而成的。这一理论有诸多优势，包括更好地解释共相之间的相似现象，在本体论上相对节约，以及尽量尊重科学研究的结果。

致 谢

感谢 Asher Jiang 在各个方面对本文各版草稿所提出的批评与

改进建议。感谢《哲学评鉴》的两位匿名审稿人对本文所提出的修改意见。感谢叶峰、池泽钰、唐浩、刘畅、李琳、龚李萱、王芷西，以及参加清华大学哲学系学术讨论会（SACO）的其他老师、同学们对本文早期草稿所提出的意见与建议，以及綦晋与陈楚淼在语言学知识方面给予我的协助。最后感谢曾璐在本文写作过程中随时向我提出建议并帮助我修改润色全文。

参考文献

Armstrong, D. M. (1989). *Universals: An Opinionated Introduction*. Westview Press.

Bennett, K. (2013). Having a part twice over. *Australasian Journal of Philosophy*, 91 (1), 83–103.

Fine, K. (2010). Towards a theory of part. *The Journal of Philosophy*, 107 (11), 559–589.

Fisher, A. R. J. (2018). Structural universals. *Philosophy Compass*, 13, e12518. https://doi.org/10.1111/phc3.12518.

Forrest, P. (2016). The mereology of structural universals. *Logic and Logical Philosophy*, 25 (3), 259–283.

Kalhat, J. (2008). Structural universals and the principle of uniqueness of composition. *Grazer Philosophische Studien*, 76 (1), 57–77.

Lando, G. (2017). *Mereology: A Philosophical Introduction*. Bloomsbury Academic.

Lewis, D. (1986). Against structural universals. *Australasian Journal of Philosophy*, 64 (1), 25–46.

Lewis, D. (1991). *Parts of Classes*. Basil Blackwell.

Rodriguez-Pereyra, G. (2017). Indiscernible universals. *Inquiry*, 60 (6), 604–624.

Title: Structural Universals: A Layered Conception

Abstract: Structural universals are a kind of universal that each particular that instantiates one of them should have some proper parts, and some of those proper parts should instantiate some further universals. Lewis argues that the concept of structural universal is inconsistent because different structural universals can have exactly the same proper parts, which is unacceptable. Kalhat replies to this challenge by arguing that a structural universal is a mereological sum of first-order and second-order universals. I will argue that Kalhat's theory is not fully satisfying in explaining the similarity between universals. Instead, I will propose another theory, that a structural universal is built up when first-order universals stand with each other in second-order relations, and some structural universals are layered.

Keywords: structural universals; resemblance between universals; mereology; parthood; composition; layer; higher-order universals

康德的“幸福悖论”[1]

张菲亚[2]

摘　要：康德认为幸福是人的目的。根据他的说法，一方面所有的目的都是行动者自由选择的，另一方面幸福的目的是我们必然拥有的。然而，幸福同时是自由的与必然的，这被一些学者称作“幸福悖论”。本文试图在吸收前人研究成果的基础上化解这一悖论。本文认为，作为有限的感性存在者，我们必然拥有幸福的目的；与此同时，从“自由的任意”的角度理解，幸福是任意给自身制定的准则而被我们自由地意愿。在这个意义上，自由与必然的矛盾能够被化解。

关键词：康德；幸福；自由；必然；任意；意志

康德的自由概念有着丰富的维度。在实践领域之内，除了自

1　收稿：2020 年 7 月 19 日；首次修回：2020 年 10 月 18 日；末次修回：2021 年 7 月 6 日；录用：2021 年 6 月 20 日。本文通过了《哲学评鉴》匿名评审，发表于合作期刊《外国哲学》2021 年第 42 辑。经《外国哲学》编辑部同意，本文经再次修订转载于此。

2　张菲亚，伦敦大学金史密斯学院（Goldsmiths，University of London）艺术专业在读研究生，主要研究伦理学。电子邮箱：feiyazhang023@outlook.com。

律的自由，我们还拥有任意（Willkür，也经常被译为“选择”，choice）的自由。概括来说，任意的自由区别于仅遵从道德法则的自律，是一种更宽泛意义上的自由，即从它出发，即使是欲望引起的目的，甚至是恶的目的，也是人们自由采纳的。例如在《纯然理性界限内的宗教》中，康德就明确指出：“善与恶必须是他的自由任意的结果。”（6：44）[1] 类似的文本证据常见于康德后期的文本中。[2] 对自由的这一宽泛理解也获得了阿利森（Henry Allison）、科斯佳（Christine Korsgaard）和希尔斯（Alison Hills）等学者的支持。

接下来，我将通过对任意的自由这一概念的梳理，在康德的理论框架之内对所谓的“幸福悖论”做出一个融贯的解释，即幸福这一目的同时是自由的和必然的。[3] 在第一节中，我将阐明康德的“幸福悖论”的含义，指出传统的自由观点对化解该矛盾产生的阻碍，并提出我们应该从任意的自由出发解决“幸福悖论”。在第二节中，

---

1 本文所引用的康德著作的中文译文均来自李秋零主编的《康德著作全集》。此外，我依照康德著作的英译本对部分中文译文进行了订正，参见 Kant, I.（1996）. *Practical Philosophy*. Gregor, M. J.（Ed.）. Cambridge University Press；Kant, I.（1998）. *The Critique of Pure Reason*. Guyer, P. & Wood, A. W.（Eds.）. Cambridge University Press。为方便读者参考不同语言版本，我还标注了每段引文在德文全集（科学院版：Immanuel Kant. *Gesammelte Schriften*. Berlin：Walter de Gruyter and predecessors，1900–　）中的卷号及页数，如这里的（6：44）。

2 见《道德形而上学》（6：213，225–226）和《纯然理性界限内的宗教》（6：24，44）。

3 在哲学与逻辑学中，严格意义上的“悖论（paradox）”产生于这种条件，“……当一些看上去可信的前提蕴含了一个结论，而这个结论的否定同样看上去可信，一个悖论就产生了”（Rescher，2001：6）。本文中的“悖论”一词并不具备上述含义，而仅仅意味着命题之间存在矛盾。具体来说，本文用“幸福悖论”来概括这一矛盾，即幸福的目的在康德那里同时是自然必然和自由选择的。感谢《哲学评鉴》编辑委员会对这一词语在定义上的建议。对“悖论”含义的更多讨论可参见陈波，2017：3–9。

我将梳理以往学者面对“幸福悖论”时所持有的不同立场，表明他们在“是否存在遵循道德法则的意志自律之外的任意的自由”这个问题上的分歧是导致彼此立场不同的关键。第三节将论证，在康德的理论中，幸福的目的在能够独立于感性冲动的刺激而自己订立准则的意义上是自由的，并探讨幸福作为二阶目的与其他一阶目的的关系。在最后一节中，我将论证，幸福这一目的对康德来说同时是自由的和必然的，因为康德的自由是一种内在的自由，所以在行动者采纳准则的意义上，一个行动或者目的就能够是自由的，而不需要存在外在于行动者的其他选项。

一、康德“幸福悖论”的含义

一些学者在康德的作品里发现了“幸福悖论”，即一对关于幸福的相互矛盾的观点。

命题一：幸福是行动者自由选择的目的，而不是自然的作用。

命题二：人类自然必然会去追求幸福。

不过，在进入对这两个命题的讨论之前，让我们先来了解康德对于幸福的基本定义。根据他的说法，“幸福是我们一切偏好的满足（既在广度上就满足的杂多性而言，也在深度上就程度而言，还在绵延上就存续而言）”（《纯粹理性批判》A806/B834）。康德认为，对幸福的追求来自人们的感性偏好和欲望，但不同于一般的欲望，幸福是一切欲望之满足的总和；人作为有感性的存在者，想要达到在广度、深度、长度上最大化的满足，而幸福就是这样一种最大化的满足。

对于命题一，康德指出：

> 拥有行动的一个目的，这是行动主体的自由的行为，而不是自然的作用（《道德形而上学》，6：385）。
>
> 目的是（一个理性存在者的）任意的一个对象，通过它的表象，任意被规定采取一种产生这个对象的行动。——现在，我虽然可能被别人强制采取一些行动，这些行动作为手段指向一个目的，但我绝不可能被别人强制着去拥有一个目的，而是只能自己使某种东西成为我的目的（《道德形而上学》，6：381）。

根据这两段引文，行动者拥有的任何目的都是行动者自己自由意愿的，而不是被强制的，不是来自行动者的感性偏好和欲望。

对于命题二，康德有如下表述：

> 期望幸福和寻求幸福是人的本性不可避免的（《道德形而上学》，6：387）。
>
> 成为幸福的，这必然是每一个有理性但却有限的存在者的要求，因而也是他的欲求能力的一个不可避免的规定根据（《实践理性批判》，5：25）。

根据以上两段文本，康德表达了幸福是人这样的感性存在者必然追求的。一些学者认为，我们可以不把幸福当作我们拥有的目的，它只是一种来自感性冲动的欲望，因此幸福不能算作命题一中被自由意愿的目的。但是康德曾不止一次地明确表达幸福是我们拥有的目的：

> 自己的幸福是一个所有人（由于其本性的冲动）都具有的目的（《道德形而上学》, 6: 386）。
>
> 有一个目的，是可以在所有理性存在者那里（就命令适合于他们，即适合于有依赖性的存在者而言）被预设为现实的目的的，从而是他们不只是可能具有，而且是人们能够有把握预设他们根据自然必然性全部都会具有的意图，这就是对幸福的意图［《道德形而上学的奠基》(以下简称《奠基》), 4: 415］。

根据命题二，由于我们是有限的存在者，每个人都必然拥有幸福这一目的。于是“幸福的悖论”就产生了：一个我们由于感性冲动而必然会拥有的目的，如何能够同时是被自由意愿的呢?

如果坚持康德自由理论的传统观点，那么我们会在调和命题一和命题二之间的矛盾时遇到麻烦。传统观点认为，康德的自由局限于服从道德法则的行动，对幸福的追求来自感性的偏好和欲望，因而不可能是行动者自由意愿的。支持传统观点的证据在《奠基》和《实践理性批判》中比较常见，例如“一个自由意志和一个服从道德法则的意志是一回事”(《奠基》, 4: 454-455)，“自由和无条件的实践法则是交替的、相互归结的”(《实践理性批判》, 5: 37)。但我认为，仅从这些文本出发理解康德的自由概念是片面的，只看到了康德自由的一个面向。在康德的理论中存在着两种意义上的自由，一种是传统观点中提到的服从于道德法则的意志自律，另一种则是订立准则的任意自由。任意的自由是化解命题一和命题二之间的矛盾的关键。

康德在后期的文本中才对任意的自由与意志的自律做出明确的区分。在批判时期，康德就讨论过任意的自由，他指出：“人的任意虽然是一种 arbitrium sensitivum（感性的任意），但却不是

brutum（动物性的），而是 liberum（自由的），因为感性并不使其行为成为必然的，相反，人固有一种独立于感性冲动的强迫而自行决定自己的能力。”（《纯粹理性批判》A534/B562）尽管此时康德已提出任意的自由，但他并没有区分任意的自由和意志的自律，他的关注点在于强调行动者实践自由的自发性。

而在《纯然理性界限内的宗教》和《道德形而上学》中，康德将自由的维度阐述得更加明确，他详尽地论述了自由的任意和自律的意志之间的区别与联系。在《纯然理性界限内的宗教》中，康德将善的、道德的行为和恶的、非道德的行为都归于任意的自发性，指出只有将自由的任意作为所有行动的起源，道德行为与非道德行为才能够被归责。他认为：“善与恶必须是他的自由任意的结果。因为若不然，他就不能为这二者负责，从而他在道德上就既不能是善的也不能是恶的。”（《纯然理性界限内的宗教》，6：44）在《道德形而上学》中，康德区分了立法功能的意志、订立准则功能的任意和作为整体意愿的意志，这三者之间既相互区别又相互联系。其中作为立法功能的意志建立的法则需要被行动者的主观准则采纳，即行动者只有使客观法则成为自己的规则，作为整体意愿的意志才在完整的意义上是自律的（《道德形而上学》，6：225–226）。[1] 这说明了康德将道德上的自律作为任意的自由的一个部分，而非全部。这些论证清楚地划出了自由的限度，意志自由不仅仅被限制于符合道德行为之内，而且在道德的目的之外，出自欲望与偏好的非道德的

---

1 作者支持阿利森对任意（Willkür）和意志（Wille）区别的概括：意志在康德的语境中有两种意义，一是整体的意愿能力，一是这种能力之中单纯的立法功能。任意的选择功能与意志的立法功能同属于意志整体的意愿能力。准则出自任意，法则出自意志，当任意服从意志的立法功能所订立的实践法则，即准则就是普遍的道德法则时，作为整体意愿能力的意志就是自律的（Allison，2020：451–456）。

目的都是被我们自由意愿的。

将自由的定义从对道德法则的服从之中解放出来，我们才能有机会化解幸福的目的在必然与自由二者间的矛盾。基于对自由定义宽窄的不同意见，学者们呈现出对这个悖论的不同立场。在接下来的讨论中，我会首先讨论学者们对这个悖论的四种观点：第一，幸福是依据自然必然的目的；第二，幸福是自由选择的目的；第三，这两种目的是可以调和的；第四，康德的幸福悖论是完全不可调和的。在这四种观点中，我倾向于支持第三种。在第三节中，我会讨论幸福在什么意义上是自由选择的。在第四节中，我会讨论幸福的自然与必然的两种理解是可以调和的；同时，我会对认为两种幸福观不可调和的观点进行详细的反驳，进一步捍卫本文的立场。

二、关于“幸福悖论”的不同解读

学界关于幸福悖论的讨论大致有三种立场：第一种立场认为，幸福是出于必然性的目的而非出于自由意愿；第二种立场认为，幸福是被自由意愿的，而非必然的；还有一种立场认为幸福的悖论深植于康德的体系之中，根本无法解决。

金斯伯格（Hannah Ginsborg）和科斯佳分别从偏向于自然必然和自由的角度理解幸福。[1] 金斯伯格认为意志自由只能是严格意

1　金斯伯格和科斯佳试图从不同的出发点解开《奠基》中自由与道德法则之间的循环论证，并对《实践理性批判》中的文本做出了不同的阐释。科斯佳在对两个文本进行解读后，留下了“在自由的理念下行动”作为单独的出发点（Korsgaard，1996：175）；而金斯伯格为了使《奠基》中的论证更好地贴近《实践理性批判》中“理性的事实”，将自由等同于对道德法则的服从，因而缩窄了自由的范围（Ginsborg，1998：5–21）。

义上的自律，只有服从道德法则的行动才是自由的，而在不同欲望之间的选择是由一个人的幸福观决定的。在幸福的目的中，我们主要考虑的是：幸福的目的本身包含什么。金斯伯格认为这是一个判断力的问题，是理论理性而非实践理性处理的领域（Ginsborg, 1998: 5–21）。

而科斯佳对自由的定义则更加宽泛，在她看来，自由的概念不依赖于道德法则，我们的所有选择都可以是自由的。我们唯一的实践理性原则，就是应当选择我们的准则作为普遍的法则。科斯佳认为当康德说幸福的目的是我们依据自然的必然性而具有，可能是想表达我们通过一种自然的必然性来重视我们自己，我们有一种自爱的原则使我们必然会考虑到自己偏好的满足（Korsgaard, 1998: 49–66）。

顺着科斯佳对自由这种比较宽泛的定义，希尔斯进一步主张，通过放弃康德对于幸福是自然必然性的目的的说法，我们能够解决“自由”和“必然”这两个命题之间的张力问题。她认为，幸福是被我们自由意愿的目的，它限制我们在将欲望的对象设置为目的时所做出的选择。希尔斯将幸福的限制作用理解为一种二阶目的，作用于欲望客体的诸多一阶目的之上。她赞同内格尔（Thomas Nagel）在《利他的可能性》中的论述（Nagel, 1979），尤其强调幸福的时间维度。她认为明智的理由要求我们将自身看作一个持续存在的个体，不能只考虑现在，未来的规划要对我们现在的行动产生影响，因此幸福相较于其他基于欲望的目的更为重要（Hills, 2009: 29–44）。

而罗伯特·约翰逊（Robert N. Johnson）则主张自然与自由之间的矛盾无法解决。他探讨了对这一矛盾的各种解决方法，并指出这些解答中都存在着无法令人满意的地方，他的反驳概括起来大致有四点（Johnson，2002：317–330）。第一，约翰逊反对这样一种观点：幸福被看作自然向我们植入的欲望或者冲动，而非我们自愿拥有的目的，因此幸福不涉及自由；第二，约翰逊反对将幸福的必然性理解为理性对于意志的强制，或者在理性上我们“应当”追求幸福；第三，约翰逊认为我们也不能将意志的自由局限于道德领域之内的选择，而幸福作为道德领域之外的目的，可以是不自由的；第四，约翰逊认为也不能通过主张幸福是“不确定的”来减轻命题一和命题二之间的冲突。其中约翰逊分别指出了康德文本呈现的与每种观点相矛盾的地方，来论证这四种解决路径都不能使我们满意。

综合考察了康德的文本和学者们对于幸福悖论的种种讨论之后，我的立场如下。首先，就自由定义的宽窄来看，我倾向于支持科斯佳和希尔斯的路线，即自由的概念不依赖于道德法则。在实践理性给自身订立准则的意义上，意志或者任意已经是自由的，因此幸福的目的是被自由选择的，而不仅仅是金斯伯格所说的理性的立法的自由。其次，就幸福和其他基于欲望而被意愿的目的而言，我支持希尔斯的看法，将其分别看作二阶目的和一阶目的。如此一来，幸福就对所有由欲望产生的目的都起到了规范性的作用。并且，从任意自由的角度理解幸福，就能避免陷入约翰逊反驳的前三个观点，即幸福既非全然来自自然的冲动，也不来自理性对于意志的强制，并且任意自由比道德自由的范围更大而涵盖人的所有目的。最后，我认为从任意自由出发，幸福这一目的同时是自由的和必然的，二者是并行的而非不确定的，所谓的“幸福悖论”并不存在。

在接下来的第三节和第四节中，我将分别阐明幸福的目的在何种意义上是自由的，又在何种意义上是必然的，通过对幸福概念本身的考察，我认为幸福这一目的同时是自由的和必然的，康德的“幸福悖论”能够被化解。[1]

三、幸福的目的出自“自由的任意”

本节将集中讨论命题一中的观点：幸福的目的在何种意义上是自由的。本节共分为两部分。在第一部分中，我将从康德的文本出发讨论任意自由的含义，突出它与意志自律之间的区别，并论证任意的自由在独立于感性偏好的规定而自己订立准则的意义上即是自由的。在第二部分中，我将转向基于自由的任意，论证幸福作为基于感性偏好产生的目的是被自由意愿的，但同时幸福不仅和其他一阶的目的一样源自欲望，而且是在这些一阶目的之上的二阶目的，对一切偏好进行整体性的规划。

（一）自由的任意

在命题一中，康德认为目的不能被强制拥有，作为任意的对象，任何目的都是被行动者主动采纳的（《道德形而上学》，6：381）。理解这一命题的关键在于认识到在康德的理论中存在一种任意的自由，它区别于意志的自律。康德对自由的定义并非只有遵从道德法则的自由这一个维度，任意的自由不依赖于对道德法则的服

1 笔者认为，这里提出的化解方法是“康德的（Kant's）”，而不仅仅是“康德式的（Kantian）”。也就是说，康德的文本完全允许我们做出这里提出的解读，而无须对康德的意思做更多的引申，从而成为“康德式的”。笔者感谢匿名评审人指出的这个重要区分。

从。我不同意金斯伯格将意志自由仅仅看作自律。

康德在《纯然理性界限内的宗教》中阐释了任意的自发性：

> 任意的自由……能够不为任何导致一种行动的动机所规定，除非人把这种动机采纳入自己的准则（使它成为自己愿意遵循的普遍规则）；只有这样，一种动机，不管它是什么样的动机，才能与任意的绝对自发性（即自由）共存（《纯然理性界限内的宗教》，6：24）。

上文强调了行动者通过将某一动机“采纳”入自己的准则这一动作而对自己的行动具有主动性。这意味着任意尽管处理欲望，却不被欲望牵着鼻子走，因此意志或者说任意就是自由的。

早在《纯粹理性批判》中，康德就提出任意的自由独立于感性冲动的强迫。他认为这种能力是人类任意所特有的而区分于动物的任意，他认为：“人的任意虽然是一种 arbitrium sensitivum（感性的任意），但却不是 brutum（动物性的），而是 liberum（自由的），因为感性并不使其行为成为必然的，相反，人固有一种独立于感性冲动的强迫而自行决定自己的能力。”（《纯粹理性批判》A534/B562）在《道德形而上学》中，康德继续指出：“人的任意是这样的任意：它虽然受到冲动的刺激，但不受它规定。”（《道德形而上学》，6：213）在康德看来，尽管人的任意和动物的任意都是感性的，即都是通过感性的动因而被动地激发的，但人的任意仍然是一种自由的任意，它具有自发性，不完全取决于感性的动机。

人的任意是如何进行自我决定的呢？在康德看来，任意通过给自己订立原则的能力而独立于感性冲动的强迫，而行动者在行动中实际依据的原则就是他的准则（maxim）。一个行动者无论是进行一个行为还是选择一个目的，都基于其准则。准则是任意自己立法的产物，是自己订立的规则（《奠基》，4：438）。

准则区分于法则。康德指出：

> 准则是行动的主观原则，必须与客观原则亦即实践法则区别开来。准则包含着理性按照主体的条件（经常是主体的无知或者偏好）所规定的实践规则，因此是主体行动所遵循的原理；而法则是对每一个理性存在者都有效的客观原则，是主体应当行动所遵循的原理，也就是说，是一个命令式（《奠基》，4：421n）。

在独立于感性冲动的刺激、订立准则的意义上，人的任意是自由的；而在此基础上，当订立的准则符合客观的实践法则，意志就能够是自律的。对于那些从欲望之中产生的目的而言，尽管其准则可能被感性的动机诱导产生，但不会被其规定，理性能力保证了行动者拥有任意的绝对自发性。阿利森通过“结合论”说明了准则与欲望的关系：“感性爱好就其被‘结合到一个准则之中’，亦即被纳入一个行动规则之下时方能与意志对象相关。”出于爱好产生的目的必须被我主动“采纳”[1]（taking as），才能成为“我的”目的（阿利森，2001：47–48）。因此，目的本身不等同于欲望，准则也不被欲望直接规定，有理性的存在者拥有的任何一个目的都因理性的采纳而是自由的。

---

1 原译本中翻译为“视取”，本文中改为“采纳”。

我们可以通过一个例子，看到任意的自由如何能够独立于感性冲动。当一只狗面对一块蛋糕和一个包子这两个选择时，它会根据自己的两个欲望对比之下哪个更加强烈而直接被感性欲望驱动去行动。但人不会直接被感性冲动决定自己的意志，而是主动采纳自己的目的。吃蛋糕或者吃包子的欲望要经过准则的筛选检查，才能成为行动者最终的目的。这种主动采纳、为自身制定准则的能力就是自由的任意。因为具有这种理性能力，人的行动具有自发性而不会被感性强制，这就是康德的任意的自由的含义。

综上所述，我支持对“自由”相对宽泛的理解。正如阿利森所说，如果我们将《奠基》中的自律直接等同于对道德法则的服从，就会使得所有非道德因素推动的行动都成为“行为的碎片”，而不是意志的产物（阿利森，2001：120–134）。

（二）幸福被自由地意愿

在上一小节中，我主要阐明了行动者因为具备一种基本的理性行为能力而具有自发性，在采纳任何一个目的或准则的时候，一般的有理性的存在者都至少是在任意自由的意义上自由的。幸福的目的也和其他目的一样是自由的，但同时，幸福的目的也区别于其他欲望引起的目的。为了达成最大化的满足，理性需要在不同的目的间进行取舍，进行整体性的考量。在此意义上，我支持希尔斯对自爱原则之下幸福的目的和其他出于偏好目的关系的阐述，即幸福是二阶目的，而其他出于欲望的目的是一阶目的（Hills，2006：243–261）。

在《纯粹理性批判》中，康德在阐述自由的任意之后提到了任意具有一种考虑整体状况的能力：

> 那种不依赖于感性冲动，因而能够由仅仅为理性所表现的动因来规定的任意，就叫作自由的任意（arbitrium liberum）……不仅刺激的东西，亦即直接刺激感官的东西，规定着人的任意，而且我们还有一种能力，能通过本身以更为间接的方式有利或有害的东西的表象，来克服我们感性欲求能力上造成的印象，但是，对那种就我们的整体状况方面值得欲求的东西，亦即好的和有利的东西的这些考虑，依据的是理性（《纯粹理性批判》A802/B830）。

康德认为幸福是“一切偏好之最大满足”（《纯粹理性批判》A806/B834），但是在广度上、深度上、时间上最大化地满足所有的欲望是不可能的，人总是会有各种各样相互矛盾以及难以实现的欲望。作为有理性的存在者，想要尽可能地实现自己的欲望，就需要在不同的欲望之间进行取舍，甚至以更间接的方式追求更加有利的东西，达成整体上对幸福的追求。在幸福的目的中，理性起着调节性的作用：

> 把我们的偏好向我们提出的一切目的统一在一个唯一的目的亦即幸福中，并使达到幸福的种种手段协调一致，就构成了理性的全部工作（《纯粹理性批判》A800/B828）。

从上文中我们可以发现理性的两个作用，一个是纯粹手段性的，“使达到幸福的种种手段协调一致”，正如假言命令所做的那样而不干涉目的本身。另一个是将偏好的所有目的在幸福这个唯一的目的之中结合起来。而在后一个作用中，理性的作用超出了上文提到的那种手段性，它以调节性的方式参与了设定幸福的目的本身，因为在康德看来，幸福不是一个固定的标准，这一概念取决于行动者自己特殊的感性需求，“每个人要把自己的幸福设定在何处，取决于每个人自己特殊的愉快和不快的情感”（《实践理性批判》，5：25）。

总之，我们可以看到在幸福这一二阶目的的设定中，理性能力依旧发挥作用，行动者通过反思出于欲望的不同目的对最大化满足的作用，来确定幸福这一目的中的实质内容。此时幸福不仅仅独立于那些不能称为目的的感性强迫，也在一定意义上独立于所有欲望的目的。

假如我有一个准则是每天都希望吃到蛋糕，另一个准则是保持身体健康，还有一个准则是每天工作 8 小时。那么考虑到每天吃蛋糕会严重危害我的身体健康，并且还会影响我未来投入工作之中的精力，那么幸福作为二阶目的考虑到我整体的偏好，就可能会约束自己放弃每天吃蛋糕这个目的。同样，如果我对吃蛋糕这一目的的欲望远远大于别的目的，那么我也有可能依旧选择吃蛋糕，而不管自己的身体健康和工作。但这并非意味着我放弃了对整体偏好的考虑，即放弃了幸福这一目的，而是意味着吃蛋糕的目的经过了理性的反思之后被确立为我幸福目的中的核心，我依旧考虑到了整体的幸福，才会将吃蛋糕设定为目的。在确定自身幸福的目的之后，幸福作为二阶目的而对其他一阶目的具有规范性。

四、幸福的目的同时是必然的与自由的

在上一节中，我阐述了幸福的目的因为理性能力的参与而是自

由的。本节中，我将首先总结前文中对于命题二的阐释，重申幸福的自然必然性。然后基于上一节得到的结论和一些文本证据，我将强调康德的任意自由是一种内在性的自由，以论证追求幸福的自由是相容论意义上的自由，最终调和“幸福悖论”。[1]

对于命题二来说，对幸福的追求源自我们的感性本性：

> 自己的幸福是一个所有人（由于其本性的冲动）都具有的目的（《道德形而上学》，6：386）。
>
> 他对自己的整个存在的满意……是一个由他的有限本性本身强加给他的问题（《实践理性批判》，5：25）。

幸福这一目的的自然必然性来自人的有限本性，是我们对主观的欲望的满足，这种追求是必然的。根据康德对幸福的定义，我们必然拥有幸福的目的意味着我们必然追求一切偏好的最大化满足（《纯粹理性批判》A806/B834），但和其他偏好的目的不同，幸福是我们的终极目的。康德指出：“包含着其他所有目的的不可避免的，同时又是充分的条件的目的就是终极目的。自己的幸福是理性的尘世存在者的主观的终极目的（由于自己依赖于感性对象的本性，每一个理性的尘世存在者都具有这种主观的终极目的，关于这种目的，说人们应当具有它，是愚蠢的）。”（《纯然理性界限内的宗教》，6：6n）这意味着追求幸福，即追求所有偏好的最

---

1 本文的立论是说在康德的框架之中，我们可以对“幸福悖论”做出一个融贯的理解；但不赞同在更大的伦理学领域内，康德的幸福理论是完全正确的。感谢匿名审稿人指出这一区分。

大满足，在康德看来处在所有主观准则和目的的顶端，从人作为感性存在者的视角看，在欲望序列之中，幸福是终极的目的，只要不是服从于道德的目的，所有其他的基于欲望的目的都服务于幸福。[1]

一个行动的善恶取决于敬重道德法则的动机和追求幸福的动机被纳入准则时，二者间的关系。如果道德的动机优先于幸福的动机，那么这个人就是善的；如果幸福的动机优先于道德的动机，那么这个人就是恶的。[2] 但作为质料的感性的欲望与偏好本身并不能决定恶，根本恶的根据在行动者为自己订立的准则之中（《纯然理性界限内的宗教》，6：21）。因此尽管人由于自己的感性本性而必然追求幸福，根本恶不可避免，但任意订立的准则使得行动者的恶行也具有自发性，人们对自己的恶负有责任。

在命题一中，康德强调了任意自由的内在性：

> 拥有行动的一个目的，这是行动主体的自由的行为，而不是自然的作用（《道德形而上学》，6：385）。
>
> 目的是（一个理性存在者的）任意的一个对象，通过它的表象，任意被规定采取一种产生这个对象的行动。——现在，我虽然可能被别人强制采取一些行动，这些行动作为手段指向一个目的，但我绝不可能被别人强制着去拥有一个目的，而是

1 值得注意的是，在康德的理论中，幸福这一目的虽然是我们必然拥有的，但却不是必然能够被实现的。在第三节提到的理性的作用中，一方面理性将达成幸福的种种手段协调一致，另一方面理性将一阶欲望的目的统一在幸福这一目的之中。在这两个作用中，理性都有可能失败。

2 《纯然理性界限内的宗教》，6：36。详细的讨论参见乐小军，2020。

只能自己使某种东西成为我的目的(《道德形而上学》,6: 381)。

根据这两段引文,行动者拥有的任何目的都是行动者自由意愿的,而不是被强制的。在第二段引文中,康德强调“任意”是一种内在的状态,就算一个行动者能被他人或者自然强迫而采取一些行动,但目的作为任意的对象,是被行动者内在地采纳的,而不可能来自外在于行动者的强制。康德在第二段中将行动与目的分开,指出外在的行动可能不来自内在的目的,以此来强调目的对于行动者的内在性。

通过一个极端的例子,我们可以更直观地看到目的的内在性:假设行动者 S 被绑架了,绑架她的人握着 S 的手用刀杀死了另一个人,但 S 并不愿意这么做,这不是 S 内心拥有的目的。在这种情况下,即使 S 因为绑架者的外力强制而杀了人,她的内心也没有因此而被迫采纳这一目的。按照康德的说法,杀人这一目的实际上属于绑架者,S 只是绑架者实行这一目的的手段。目的一定要被行动者内在地接受,才能称为一个目的,因此在这个例子中,S 并不拥有杀人这一目的,哪怕行动者 S 外在的行动已经发生。

因此,根据任意自由的内在性特征,我认为康德对任意自由持相容论立场。一种反对意见可能会考虑康德自己对相容论的批评。康德认为经典相容论的自由只是“心理学的和比较性的自由,并非同时是先验的亦即绝对的自由”。他认为如果不要求任何内在意志的自发性,行动者的自由就和自动烤肉铲的自由无异,因为烤肉铲在没有外在阻碍的情况下也会自行完成运动(《实践理性批判》,5: 98)。但是将相容论归于自由的任意与康德这里的批评并不矛盾,因为“先验的亦即绝对的自由”属于道德自律。在理性自身做出规定并自我遵守的意义上，行动者才是在行使绝对的自由。[1]

如此看来，由于准则作为内在的规则被行动者掌控，幸福的目的能够同时是必然的和自由的。因为我们是感性的存在者，幸福作为一个“主观的终极目的”，是我们必然的目的，但这和幸福的自由并不矛盾，幸福的自由不在于我们可以选择或者不选择幸福本身作为目的，而是在于能够独立于动物性的感性冲动，是理性存在者给自己订立的准则。换句话说，康德强调任意作为一种意愿能力是行动者内在的能力，幸福在独立于感性冲动而给自己订立准则的意义上就已经是自由的了，而不一定需要“可以不选择幸福”这一外在于行动者意志其他的可能性。

我认为康德的幸福理论体现了他对人兼具感性和理性能力的洞察，基于人是有感性的存在，有着各种各样的感性需求，我们会想要在广度、深度、实践存续上最大化地满足欲望，就拥有幸福这一主观的终极目的；同时人是有理性的存在者，在试图达成偏好的最大化满足的过程中，理性参与其中，发挥采纳欲望、协调手段、制定目的的种种作用，以达成幸福。在幸福的目的源自我们的感性本质的意义上，它是我们自然必然欲求的；在幸福是任意给自身订立的准则的意义上，它是我们自由意愿的目的，由于康德认为任意的自由是一种内在的自由，它不要求确实存在外在于行动者的不同选

1　这个问题更进一步将是关于康德学说中相容论和非相容论如何相容。难点在于解释行动者的行动如何能够既拥有在因果上具有绝对自发性的先验自由，又处在因果决定的时间序列之中。学界的主流解释主要有两种：一种是“两个世界”，一种是“两种视角”——前者以艾伦·伍德（Allen Wood）、约翰·麦卡迪（John McCarty）和阿瑟·梅尔尼克（Arthur Melnick）等人为代表，而后者以亨利·阿利森、拉尔夫·美尔波特（Ralf Meerbote）、哈德·赫德森（Hud Hudson）等人为代表。由于篇幅所限，本文无法展开对这一深层问题的探讨，而是仅仅聚焦于康德的幸福目的本身的相容性自由。更详细的讨论可参见朱会晖，2016。

项，幸福这一目的能够同时是自由的和必然的。

致 谢

感谢中国人民大学哲学院刘玮老师从思路形成、文献梳理到结构与语言等方方面面对本文提供的帮助。感谢《哲学评鉴》三位匿名评审一年以来对本文提出的数次修改意见。他们每一次耐心细致的反馈都使笔者受益匪浅。

参考文献

陈波：《悖论研究（第二版）》，北京大学出版社 2017 年版。
亨利·阿利森：《康德的自由理论》，陈虎平译，辽宁教育出版社 2001 年版。
康德：《康德著作全集》，李秋零主编，中国人民大学出版社 2003 年版。
乐小军：《康德与根本恶》，《道德与文明》2020 年第 2 期，第 77—83 页。
朱会晖：《对康德的相容论内涵的再思考》，《世界哲学》2016 年第 2 期，第 69—75 页。

Allison, H. (2020). *Kant's Conception of Freedom: A Developmental and Critical Analysis*. Cambridge University Press.
Ginsborg, H. (1998). Korsgaard on choosing non-moral ends. *Ethics*, 109 (1), 5–21.
Hills, A. (2006). Kant on happiness and reason. *History of Philosophy Quarterly*, 23 (3), 243–261.
Hills, A. (2009). Happiness in the groundwork. In Timmermann, J. (Ed.), *Kant's Groundwork of the Metaphysics of Morals: A Critical Guide* (pp. 29–44). Cambridge University Press.
Johnson, R. N. (2002). Happiness as a natural end. In Timmons, M. (Ed.), *Kant's Metaphysics of Morals: Interpretative Essays* (pp. 317–330). Oxford UniversityPress.
Kant, I. (1996). *Practical Philosophy*. Gregor, M. J. (Ed.). Cambridge

University Press.
Kant, I. (1998). *The Critique of Pure Reason*. Guyer, P. & Wood, A. W. (Eds.). Cambridge University Press.
Korsgaard, C. (1996). Morality as freedom. In *Creating the Kingdom of Ends* (pp. 159–187). Cambridge University Press.
Korsgaard, C. (1998). Motivation, metaphysics, and the value of the self: A reply to Ginsborg, Guyer, and Schneewind. *Ethics*, 109 (1), 49–66.
Nagel, T. (1979). *The Possibility of Altruism*. Princeton University Press.
Rescher, N. (2001). *Paradoxes: Their Roots, Range, and Resolution* (p. 6). Open Court.

Title: Kant's "Paradox of Happiness"

Abstract: Kant believed that happiness is an end of human beings. According to him, on the one hand, all ends are freely chosen by agents, and on the other hand, the end of happiness is something that we necessarily possess. However, the fact that happiness is both freely chosen and necessarily possessed at the same time has been called by some scholars the "paradox of happiness". This article attempts to solve this paradox on the basis of absorbing previous research results. It argues that as sensible beings, we necessarily have happiness as our end; at the same time, the adoption of the end of happiness comes from "the power of free choice", so in the sense of formulating a maxim, we can freely adopt happiness as end. The "freedom" and "necessity" for choosing happiness as end are compatible.

Keywords: Kant; happiness; freedom; necessity; choice; will

为何促进至善是义务？从贝克对康德的一个批评讲起[1]

周小龙[2]

摘　要：促进至善是义务，这是康德的道德哲学中的重要命题。刘易斯·贝克（Lewis W. Beck）对此提出了疑问，他认为促进至善这个义务不能够从康德在《道德形而上学》中提出来的“自我的完善”和“他人的幸福”这两种“同时是义务的目的”推导出来。这误导了后世对康德这一命题的解释。通过梳理当代学界对贝克挑战的回应，本文指出，无论是康德的拥护者还是反对者都忽略了一点，即促进至善在康德道德哲学中是先天综合命题。

关键词：至善；义务；道德；先天综合命题

至善与义务的关系问题是康德道德哲学的核心问题。尽管“促

1　收稿：2020 年 6 月 6 日；返修：2020 年 7 月 22 日；录用：2020 年 8 月 26 日。基金项目：国家留学基金委建设高水平公派研究生项目资助（项目编号 201706010377）。本文通过了《哲学评鉴》匿名评审，发表于合作期刊《外国哲学》2021 年第 41 辑。经《外国哲学》编辑部同意，本文经再次修订转载于此。

2　周小龙，图宾根大学哲学学院博士生，主要研究德国古典哲学、基督教哲学、中西哲学比较。电子邮箱：zhouxiaolong1024@163.com。

进至善是义务”这个判断在《实践理性批判》的辩证论部分扮演着关键的角色，但是康德并没有花篇幅对它进行阐述，而是给出了两个看似自相矛盾的表述：一方面，他指出至善不能被视为纯粹意志的规定根据（参见 KpV, AA 05，109），[1] 这是康德直接从分析论引出的结论；但是，另一方面，他认为，“至善就不仅仅是客体，而且是就连它的概念以及它通过我们的实践理性而可能的实存的表象，也同时会是纯粹意志的规定根据了”（KpV, AA 05，109–110）。[2] 上述两个命题看起来显然相互龃龉，但是，康德在接下来的论述中却直接把后者当作现成的结论。

康德明确表示，至善作为所有目的（包括道德目的和幸福）的绝对整体，虽然“不增加道德义务的数目”（RGV, AA 06，005），但却必须成为意志的规定根据。换而言之，它不是所有道德义务之外的新义务，而是蕴含在道德义务之中，与此同时，它又蕴含超出单纯道德义务的内容：德性和幸福的成比例。康德的这一主张引发了学者的疑问。刘易斯·贝克认为，从定言律令中根本无法导出

---

1 本文中引用的康德原文皆来自科学院版：Immanuel Kant. *Gesammelte Schriften*. Hrsg.: Bd. 1–22 Preussische Akademie der Wissenschaften，Bd. 23 Deutsche Akademie der Wissenschaften zu Berlin，ab Bd. 24 Akademie der Wissenschaften zu Göttingen. Berlin，1900f。除了《纯粹理性批判》采用诸如 KrV，B 022 这样的格式外，其余文本皆采用诸如 KpV, AA 05，124 这样的格式，即书名缩写加科学院版卷数和页数。其中，《纯粹理性批判》=KrV，《实践理性批判》=KpV，《判断力批判》=KU，《道德形而上学奠基》=GMS，《单纯理性限度内的宗教》=RGV，《道德形而上学》=MS，《将负值概念引入世俗智慧的尝试》=NG，《论俗语：这在理论上是可能的，但不适用于实践》=TP，Reflexion=Relf.。中译本基本上采用李秋零教授主编《康德著作全集》的译文，改动较大的地方将注出，稍许改动之处不再注明。

2 李秋零教授的中译本将“至善的概念（im Begriffe des höchsten Guts）”误译为“至上的概念”。

任何有关促进至善的命令，因为促进至善这个义务不能够从康德在《道德形而上学》中提出来的“自我的完善”和“他人的幸福”两种“同时是义务的目的”推导出来。不单如此，至善概念甚至会威胁道德的自律，因此必须从康德的道德哲学中清除，而只归入宗教哲学处理的范畴（Beck，1960：244–245）。贝克的挑战是20世纪60年代以来学界对康德这一问题理解的起点。本文将从贝克对康德的这个批判讲起，以对这一挑战的应付为线索，尝试指出贝克及其跟随者和反对者在上述问题上的误区，从而为本文从先验哲学的思路解决上述问题奠定基础。

一、从“自我的完善”和“他人的幸福”中推出至善

贝克的上述主张首先引起了约翰·西尔伯（John Silber）的反对，他们之间的争论至今仍对“如何诠释康德的至善概念”这个问题有着决定性的影响。[1] 西尔伯认为，至善概念给康德道德哲学的形式主义（Formalismus）添加了内容，它是纯粹实践理性的必然对象，康德可借此规避黑格尔的著名批评（Silber，1963：179–197）。为了强化论证，西尔伯进一步指出，康德在对至善概念的论述中区分了两种不同的至善：内在性的（immanent）至善与超越性的（transcendent）至善。由于人类没有能力完全地获得（fully obtain）至善，因此获得至善并非是人类的义务。人类的义务只是促进（promote）至善，此时至善是内在性的和建构性的；

1 关于二者的争论与后续的状况，参见比利亚兰（Villarán，2015：287–306）与卡斯韦尔（Caswell，2006：184–209）的论述。

与此同时，实现至善的可能性必须被预设，否则至善只是纯粹理性的幻想，因此必须预设上帝存在和灵魂不朽，此时至善是超越性的和范导性的（Silber，1959：469–492）。此外，他还指出，促进至善这项义务可以从“自我的完善”和“他人的幸福”中引申出来，尽管他没有做出详细的论述。

自西尔伯之后，学者们发展出来了更加精细的理论，以回应贝克的挑战。斯蒂芬·恩斯特龙（Stephen Engstrom）按照如下思路重构了康德的思路：[1] 促进至善的义务等同于一种义务去促进（1）自己的幸福、（2）他人的幸福、（3）自己的道德完善、（4）他人的道德完善和（5）德性与幸福之间的比例。但是，根据《道德形而上学》，（1）（4）（5）都不是直接的义务，恩斯特龙甚至认为，（5）与行善的义务是直接相悖的，因为这包含了下列情形：我们将给予道德上有欠缺的人以不幸。因此他主张，（5）可以合并到（2），即给予道德上善的人以幸福。恩斯特龙遵从西尔伯的路线，认为促进至善的义务等于促进（2）与（3）的义务，而（5）因为可以划归于（2）而间接是义务，而且实现至善并不是有限的理性存在者的义务，而是属于共同体和上帝的义务（Engstrom，1992：747–780）。

上述观点是从“自我的完善”和“他人的幸福”两个“同时是义务的目的”推导出至善的典型做法，但它的缺陷十分明显，其中比较致命的有：它把“自我的完善”直接等同于“自我在道德上的完善”，而在康德那里，“自我的完善”的内容更加广泛，它包

1 马维德（Marwede，2018：207–208）对于恩斯特龙的思路已经做了比较好的重构，本文将采纳。

括脱离动物本性、弥补无知、陶冶道德情操等方面（MS，AA 06，387）；它把“德福一致”的原则消解为行善的原则，这显然不符合康德在几大批判里都强调的德性与幸福“处于精确比例之中”的思想；它把实现至善当成上帝的义务，这显然是错误的，因为义务只属于有限的理性存在者。[1]

在此之后，宝琳娜·克莱因盖尔德（Pauline Kleingeld）提出了类似的思路，还有意识地将自己的思路与恩斯特龙的结合起来，认为自己是从共同体角度补充后者的思路（Kleingeld，2015：34）。她的思路着眼于《纯粹理性批判》的“道德的世界”与《道德形而上学奠基》的“目的王国”这一伦理共同体。克莱因盖尔德区分了善（good）与快乐（pleasant）。在她看来，康德给予了幸福以道德上的善，或者说给质料添加了道德的形式，因此，幸福不仅仅是单纯的快乐，而且是道德上的善（morally good）。换而言之，在康德的道德哲学中，幸福具有道德上的善，这是她论述的基础。她进一步认为，至善的世界就是一个道德的世界，在这个世界中，虽然每个人无法把照料自己的幸福称作义务，但是都把他人的幸福当作自己的义务，从而每个人自己也从他人的道德行为中受惠，因此交互的行善导致的道德的世界最终是一个既道德又幸福的世界（Kleingeld，2015：33–49）。

上述主张看似非常巧妙地将促进至善的义务消解在对定言律令的遵守之内，使得人们直接服从定言律令的行为像是间接地促进了至善，然而它却错失了康德的至善理论真正关心的问题，更忽视了

---

1 对于恩斯特龙的其他批评，参见 Marwede，2018：208–210。

康德的思想变迁和文本的复杂性：首先，它过度重视《纯粹理性批判》中“道德世界”的提法，以至于完全忽略了至善的概念在前两大批判中发生了细致入微的变化。根据德国学者杜辛（Klaus Düsing）、阿尔布莱希特（Michael Albrecht）与耶施克（Walter Jaeschke）等人的细致分析，在第一批判中，至善的概念是执行道德律的动机，赏善罚恶的思想支撑了康德对至善的论述，而随着《道德形而上学奠基》《实践理性批判》的分析论的展开，定言律令的执行动机变成了对道德律的敬重（Achtung）；与此相应的是，至善在《纯粹理性批判》中具有彼岸的性质，幸福也是人死后才可以希求的东西，相反，在《实践理性批判》中，康德始终强调，幸福是此世的幸福，而至善必须在感性世界得到实现。[1] 其次，它完全忽视了《实践理性批判》中分析论和辩证论两个部分对于善和实践理性的对象的不同阐述。我们可以借用乌尔里希·巴特（Ulrich Barth）的结论：在分析论中，康德把实践理性的对象解释成道德和自由的对象，但是在辩证论中，实践理性的对象（即至善）被诠释为（同时）道德的和欲望的对象，是所有欲求对象的整体（Inbegriff，Totalität）。与此相应的是，在分析论中，善只是被道德法则规定的伦理价值，但是在辩证论中，善的东西不但具有道德上的价值，而且能够刺激欲求和偏好（Barth，2005：279）。[2]

---

1 参见 Düsing，1971：5–42；Albrecht，1978：72–88；Jaeschke，1986：39–77。

2 有意思的是，恩斯特龙注意到了对象概念在《实践理性批判》的分析论和辩证论的差别，并把二者分别称为“纯粹实践理性的对象（object of pure practical reason）”和“实践理性的对象（object of practical reason）”，参见 Engstrom，1992：754。由此可见，恩斯特龙更清楚地注意到了康德思想和文本的复杂性。

总而言之，至善中包含的与道德异质的幸福完全被克莱因盖尔德忽略了。

二、贝克的误导

我们看到，贝克为了避免人对至善的追求败坏道德自律，故而提出，如果至善要成为意志的规定根据，我们就必须从康德明确提出的“自我的完善”和“他人的幸福”中推导出促进至善这个义务。在贝克及其追随者看来，这是不可能的，因此不存在促进至善这项义务。贝克设定的这个框架在根本上影响了其反对者的辩护方向。在笔者看来，这种影响体现在以下几个方面：（1）如前所述，西尔伯区分了促进至善和实现至善，并将促进至善看成义务，而将实现至善排除在义务之外。比如，雷讷·维墨（Reiner Wimmer）跟随西尔伯的模式，区分了至善的促进（Beförderung）和至善的实现（Verwirklichung），并且认为二者是道德上的理念（Idee）和宗教上的理想（Ideal）的区分，希冀以此既保持康德道德哲学的独立性和纯粹性，又能够为康德的道德神学提供依据（Wimmer，1990：11，74–75）。恩斯特龙和克莱因盖尔德的理论都隐含地预设了这一区分。这一区分的理论目标在于让道德行动直接地转化成促进至善的行为，而将难以做到的“实现至善”排除在义务之外。（2）西尔伯、恩斯特龙、克莱因盖尔德等人都从“自我的完善”和“他人的幸福”两个义务出发，分析性地从中推导出“促进至善”这个义务，试图通过义务之间的组合而获得“促进至善”的效果。（3）贝克指出，“德福一致”并非人力所能及的事情，因此不是人应该关注的事情。[1]受此影响，恩斯特龙将“德福一致”原则化约为对有德性者行善，克莱因盖尔德则在她的分析中似乎根本就没有提到“德福一致”。[2]下面，我们将从康德的文本和思想两个角度对受到贝克影响的康德辩护者的理论提出疑问。

就康德的文本而言，（1）康德自己并没有区分促进至善和实现至善，而是二者混用（参见 Albrecht，1978：155）。比如，“使至善和至善的造就（Bewirkung）或者促成（Beförderung）成为自己的客体”（KpV，AA 05，109），“尽我一切力量去促成（befördern）它（至善）”（KpV，AA 05，142），“尽我们最大的能力使至善成为现实（wirklich zu machen），这是义务”（KpV，AA 05，143）。[3]另外，康德对此还有其他的提法，比如“至善是意志的规定根据”，“每一个人都应该使尘世上可能的至善成为自己的终极目的”（RGV，AA 06，006）。这些提法都不蕴含着“促进至善”是义务而“实现至善”不是义务这一推论（参见 Wood，1970：94–95）。（2）康德也从未提出，至善要从“自我的完善”和“他人的幸福”

---

1 “I can do absolutely nothing else toward apportioning happiness in accordance with desert—that is the task of a moral governor of the universe, not of a laborer in the vineyard.”（Beck，1960：244–245）

2 我们注意到，舍弃“德福一致”原则成为近来康德道德哲学解释中的重要潮流，其中的代表正是克莱因盖尔德自己、盖耶尔（Paul Guyer）和瑞斯（Andrews Reath）等。参见 Kleingeld，1995：91–112；Guyer，2011：114–117；Reath，1988：593–619。以瑞斯为例，他认为康德的至善不应该被视作一个“神学的”概念，而应该被看成一个“世俗的”或者政治的概念；德性与幸福的成比例是神学意义上的至善的核心组成部分，但不属于世俗意义上的至善概念。此外，前者不可以直接从道德律中推导出来，后者则是定言律令的产物，并且可以通过人类的活动加以实现。

3 李秋零教授将这句翻译成“义务就是尽我们最大的能力使至善成为现实”，窃以为不妥，原文为“Es ist Pflicht，das höchste Gut nach unserem größten Vermögen wirklich zu machen”。

这两个义务中分析地推导出来。对于康德而言，至善是所有道德目的的绝对整体，“它虽然不增加道德义务的数目，但却为它们造就了一个把所有的目的结合起来的特殊的关联点”（RGV, AA 06, 005）。换而言之，它绝非两类“同时是义务的目的”的直接叠加。（3）“德福一致”的原则对至善而言不可或缺。康德在《纯粹理性批判》中提出来的德性和幸福“处于精确比例之中（in genauen Verhältnis）”这个原则，直到第二批判和第三批判还完整地保留了下来，尽管他对至善和幸福的理解已经发生了巨大的变化（KrV, B 838; KpV, AA 05, 125）。

就康德的思想而言，我们可以将上述观点的错误分为两类：首先，他们企图从道德法则中分析性地引申出“促进至善”这个义务。他们的解释只能证明，我们有义务去促进道德律规定我们要去做的事情，这相当于同义反复。恩斯特龙将至善拆解开来，分成自我与他人的完善和幸福的排列组合，但是他只能说明我们有义务促进自己的（道德）完善和他人的幸福，其内容不超出《道德形而上学》的结论。克莱因盖尔德虽然从共同体的角度论述了至善的促成，但是，将幸福化约为道德的做法其实恰恰是康德主动避开的思路。究其原因，他们都企图把对至善的促进化约为道德律的遵守，而不是将至善作为意志的客体和规定根据。如上所述，康德在诸多文本中都指出，至善必须成为一个人的终极目的，成为意志的规定根据。对此，艾伦·伍德（Allen Wood）有个精妙的比喻，颇能说明问题所在：“贝克在这里的错误像极了一个人因为没有发现剑桥大学坐落于校园里的任何一座大楼里，就否认它是一所真正的教育机构。”（Wood, 1970：95）贝克的反对者西尔伯、恩斯特龙、克莱因盖尔德犯了类似的错误。我们改造一下这个比喻：本来需要教学和后勤两个系统的完美配合，才能成就一个教育机构，而他们企图单方面从教学系统推导出剑桥大学是一个完美的教育机构。换而言之，至善作为意志的规定根据，是德性与幸福的完美相配，不能简单还原为道德律。这意味着，“促进至善”之所以是义务，原因不在于遵守道德律的行为对至善有促进作用，而在于至善是意志的规定根据和终极目的。另外，我们还需要指出他们的一个错误在于，至善不仅仅是“自我的完善”和“他人的幸福”的叠加，还要将“自己的幸福”也考虑在内，康德明确地指出，“德性的准则和自己幸福的准则就其至上的实践原则而言完全是不同类的，而且它们尽管都属于一种至善，为的是使至善成为可能，但却远远不是一致的，它们在同一个主体中极力相互限制、互相伤害”（KpV, AA 05, 113）。换而言之，至善必须考虑自身德性和自己幸福的完美配合，这是贝克的支持者和反对者都忽略了的。

其次，他们或是为了规避贝克的批评，或是为了迎合贝克制定的框架，一方面将“至善作为意志的规定根据”简单地理解为“促进至善”这项义务，甚至化约为道德行动，而将“实现至善”排除在义务之外；另一方面则在重构康德的命题时放弃了“德福一致”这个关键的原则，其背后的预设都在于：那些我们称为义务的东西必定是我们能够做到的东西，也就是说，从“应该意味着能够（Sollen impliziert Können）”推出不能够做到的东西不能成为义务。西尔伯在他奠基性的论文中就指出，由于康德主张“应该意味着能够”，所以他必须放弃“实现至善是义务”这个主张（Silber, 1959：488）。正是在这个前提之下，恩斯特龙错误地把实现至善的义务归给了共同体和上帝。“德福一致”的原则也因此被这些学者抛弃：因为人类不可能做到“德福一致”，只有上帝才能做到德性与幸福的精确配比。在这样的道德图景下，人类只能够努力促进自己的德性和他人的幸福，或者每个人都为他人的幸福而努力，间接地促进自己的幸福。至于他人和自己的德性与幸福的精确配比，则不是我们的分内之事。

事实上，康德从未明确主张“应该意味着能够”，在他的道德哲学中，个人执行道德律的主观能力绝非道德意志的根据得以成立的前提。为了不使此处的论证过长，以致偏题，在这里我将采纳斯坦恩（Robert Stern）和提莫曼（Jens Timmermann）的研究成果。斯坦恩批评了现在流行的解释，即将人类的能力看成道德律得以成立的前提。为此，他还返回到了康德自己的论述，摘录了 11 条蕴含着上述解释倾向的文本，最后得出的结论是：“康德率先确立他的道德理论，在其中，重要的不是我们作为人类能够做什么，而是什么样的责任可以被运用于能够正确行动的理性主体；随后，一旦道德律被确立起来，他就会运用‘应该意味着能够’去确定我们作为人类能够做到什么，因为我们都处于这个道德律之下。”（Stern，2004：60）换而言之，康德在确立意志的规定根据时，绝不是先考虑人类是否有能力执行。提莫曼也区分了英语世界流行的“应该意味着能够”和更接近康德的表达“你能够，因为你应该（Du kannst，denn du sollst）”，虽然他指出了二者的关联，但坚决否认二者可以等同起来。他尤其指出，虽然我们拥有执行道德律的自由意志，但是这种有限的意志并不等同于一个完善存在者的意志，所以，从一个表达了道德律的“客观的应该（objektives Sollen）”中只能得出一个主观上“单纯的能够（subjektiv bloßes Können）”（Timmermann，2003：120）。换而言之，意志规定根据的客观必然性不会因为主观的能力而改变。因此，判断“促进至善”或“实现至善”是不是义务，“德福一致”是不是有必要的，首要的考虑绝非人类能否做到它们。

除此之外，我们可以对他们的理论做一个归谬推理。如果“实现至善”“德福一致”是人类不能做到的，因而不属于义务的范围，那么，“他人的幸福”是不是就是人可以做到的呢？那些学者理所当然地认为，我们能够促进他人的幸福，这背后实际上是系统性地忽略了康德眼中幸福的复杂性。[1]本文认为，他人的幸福也是难以实现的，理由如下：第一，不同的人对幸福的需求是不同的，同一个人在不同的时间对幸福的需求也是不同的。正如康德在《实践理性批判》中所言：“每个人要把自己的幸福设定在何处，取决于每个人自己特殊的愉快和不快的情感，甚至在同一个主体里面也取决于根据这种情感的变化而各不相同的需求。”（KpV, AA 05, 025）这意味着，人类的幸福是很难满足的。[2]第二，人类也不可能形成一个对于幸福的规范。“幸福的规范大多具有这样的形状，即它对一些偏好大有损害，关于在幸福的名义下一切偏好的满足的总和，人类毕竟不能形成一个确定的和可靠的概念。”（GMS, AA 04, 399）因此，幸福是一个极其不确定的概念，没有人能够确定什么样的东西能够促进他人的幸福，更别说实现他人的幸福了。第三，还有一个重要的原因是，在康德看来，自然的目的不是幸福，自然在很多时候与人类的幸福背道而驰，这就是《判断力批判》揭示的

1 对于幸福概念在康德哲学中的位置，最新的研究作品可以参见 Kang, 2015。

2 在《将负值概念引入世俗智慧的尝试》中，康德就表达过这样的观点：“著名的德·马保梯先生试图在他道德世俗智慧的尝试中按照诸如此类的概念测算人类生活幸福的总量，而它不会被测算出别的结果，只能是人的这一任务无法解决，因为只有同类的感受可以加进总量（Summe），但情感在生活非常错综复杂的状态里根据的多样性显得非常不同。”（NG, AA 02, 181）

重要思考。[1] 换而言之，要实现他人的幸福，必定要克服外在自然或者不可控因素的强力反扑。第四，那些学者忽略了另一个重要的事实，即道德与幸福之间存在制约关系，这意味着二者在某些情况下不可兼得，尤其在涉及德性与自己的幸福的关系时。[2] 这就是说，在义务与自身幸福发生冲突时，有限的理性存在者必须只考虑德性的要求（参见 GMS，AA 04，442；KpV，AA 05，083）。为了成全义务，个体必须压制自己的欲望和偏好，自我克制（KpV，AA 05，083）。因此个人的德性和幸福之间很多时候呈现出负相关性。事实上，正是德性与幸福的异质性，构成了第二批判辩证论部分的根本前提，并在这个基础上提出了“至善在实践上何以可能”这个辩证论需要解决的问题。[3] 至少基于以上四个理由，我们认为，在康德哲学中，实现他人的幸福绝非大多数人甚至任何人能力所及。如果按照他们的理论，既然幸福在康德那里是如此难以实现的事情，那么康德为什么仍然认为他人的幸福是义务呢？既然如此，为什么

---

1 “幸福的概念大概并不是人从他的本能抽出来，并因此取自他里面的动物性的一个概念；而只是一种状态的理念（Idee eines Zustandes），他要使这状态在纯然经验性的条件下与这理念相符合（而这是不可能的）……因为他的本性不具有就占有和享受而言在某个地方停下来并被满足的性质。另一方面，自然远远不是把他当作自己的特殊宠儿来对待……更有甚者，人身上的自然禀赋的那种荒谬的东西还把人置于自己设想出来的磨难中，并把他自己种类的其他人通过统治的压迫、战争的野蛮等置于这样的绝境……”（KU，AA 05，430）。

2 康德在《论俗语：这在理论上是可能的，但不适用于实践》中回忆此前的道德学说时说：“我曾把道德解释为一门不是教导我们如何得到幸福，而是教导我们如何配享幸福的科学的导论。在那里，我不曾忘记说明，由此人并未要求在取决于遵循义务时，应当放弃其自然目的，即幸福；因为就像一般而言任何有限的理性存在者一样，他做不到这点；而是他在义务的诫命出现时，必须完全排除这种考虑。”（TP，AA 08，278）

3 “从分析论中可以清楚，德性的准则和自己幸福的准则就其至上的实践原则而言是完全不同类，而且它们尽管属于一种至善，为的是使至善成为可能，但却远远不是一致的，它们在同一主体中相互抵制，相互损害。”（KpV，AA 05，112）

“促进至善”“德福一致”就应该被排除在义务之外呢？若按照上面那些学者的预设，即不可能之事则无法成为义务，那么他人的幸福也就没有理由成为康德所说的“同时是义务的目的”。

我们看到，贝克不仅仅挑战了康德，还规定了康德理论的维护者的辩护方向。上述的分析使我们看到，如果仅仅从经验的立场出发，着眼于探究人类如何按照道德法则行动来实现相应的幸福，从而论证促进至善是义务，那么他们始终无法说明为什么至善是意志的规定根据，他们最终也抛弃了对至善而言极其重要的“德福一致”原则，进而也将“实现至善”排除在义务之外。在这点上，贝克与西尔伯及其各自的继承者们其实都犯了同样的错误。贝克的立场完全限制了他的跟随者和反对者的理论想象力。有趣的是，我们发现西尔伯的继承者因为舍弃了“德福一致”的原则，他们为辩护康德至善原则而做出的努力与贝克的继承者为反对康德至善观念而提出的理论竟然合流了。以贝克的继承者罗尔斯（Rawls）为例，他认为康德的至善观念可以分为“完全的至善（the full highest good）”和“特定社会的至善（the highest good of a particular social world）”，并主张只有后者才能够得到辩护，而这就相当于最大限度地实现社会的福利（Rawls，2000：313–316）。这与克莱因盖尔德的理论结果没有什么差别，只是她为社会福利添上了道德色彩。

三、德性与幸福的联结是先天综合的

本文认为，对“为何促进至善是义务”这一问题的回答不能还原为对道德律的遵守，也不能光从共同体的福利的角度思考，而要从“至善应当成为意志先天的规定根据”这一角度去回答。所以更好的提法应该是“为什么至善必须作为意志的规定根据”。本文接下来将在这个命题的基础上继续思考至善与义务的关系问题。上述研究者最深层的困境在于，他们试图在经验世界中论证，为什么异质的德性和幸福能够必然并且成比例地结合在一起。正如从经验中无论如何也无法得出因果性范畴的必然性那样，我们也无法从经验中归纳出为什么至善这个结果反而是我们意志的规定根据。这逼迫我们不得不重新审视康德的思想路径。我们将理论哲学中的因果范畴与至善问题相类比，这并非毫无根据，因为在至善这个问题上，康德正是想要往先验哲学这个方向努力：“由于这种结合被认为是先天的，因而是在实践上必然的，从而不是从经验中派生出来的，因而至善的可能性不基于任何经验性的原则，所以，这个概念的演绎就必须是先验的。”（KpV，AA 05，113）第二批判并没有对此做更多的探讨，反倒是在《单纯理性限度内的宗教》中，康德着墨不少。

康德提出，“要使尘世上可能的至善成为自己的终极目的”是一个先天综合命题：“每一个人都应该使尘世上可能的至善成为自己的终极目的。这是一个实践的先天综合命题，而且是一个客观实践的、由纯粹理性提出的综合命题，因为它是一个超出了尘世上的义务概念，并附上了义务的后果（一种效果）的名义，是一个不包含在道德法则之中，因而不能以分析的方式从道德法则中引申出来的命题。”（RGV，AA 06，006）这段话强调这个先天综合命题综合的一面。这是比较好理解的，这恰恰是第二批判中强调德性与幸福的异质性的继续；从德性中分析性地引申幸福，这正是康德所批评的斯多亚主义的观点。康德这段文字很好地批判了上述那些学者的思路。现在问题是，如何证明道德法则与至善（幸福）之间联结的必然性，很显然，这要从上述先天综合命题先天的一面做努力，康德接下来正是接着这个思路来进行的：

> 但是，人及其（也许还包括所有尘世存在者的）实践理性能力的不可避免的局限性之一，就是无论采取什么行动，都要探寻行动所产生的后果，以便在这个结果中发现某种自己来说可以当作目的，并且也能证明意图的纯粹性的东西。在实施［nexu effectivo（效果的联系）］中，目的是最后的东西，但在观念和意图［nexu finali（目的的联系）］中，它却是最先的东西；因此，仅仅引起人的敬重的法则虽然并不承认上述的东西是需要，但却为了照顾它，而把自己扩展到接受理性在道德上的终极目的为自己的规定根据之一；也就是说，“要使尘世上可能的至善成为你的终极目的”这一命题，是一个先天综合命题。（RGV, AA 06, 006）

在这段话中，康德表达了几层意思：寻求目的是有限的有理性的存在者的局限性必然要采取的行动。人要去寻找的目的不仅仅是实践的后果，而且能够证明“意图的纯粹性”，这样就使得这个目的成了成为自己的规定根据，使得在后的东西（目的）变成了最先的东西（规定根据）。因此，“要使尘世上可能的至善成为你的终极目的”是一个先天（因为至善是意志的规定根据）综合（因为至善是道德律的后果）命题。

由此，我们回到第二批判的先验辩证论。一方面，康德强调：“唯有道德法则才必须被视为使至善和至善的造就或者促成成为自己的客体的根据。”（KpV，AA 05，109）[1]另一方面，康德又指出，由于在至善概念中包含了道德法则，所以至善同时是意志的规定根据。康德预感到自己的话会引起误解。[2]事实上，这也确实引起了很多争议。[3]但是我们如果考虑到“要使尘世上可能的至善成为你的终极目的”和“促进至善”是一个先天综合命题，那么康德这个看似矛盾的表述是可以得到解决的——前者侧重综合，后者强调先天。如果上述命题是先天综合命题，那么它就必定是义务，因为至善不仅仅是道德律的后果，而且由于它把全部道德律包括在自己之中，因此同时是自由意志的规定根据，因而促进它、实现它、把它当作意志的对象就当然是义务了。这也是康德字里行间真正想表达的意思。

1793年出版的《单纯理性限度内的宗教》是康德在此问题上比较成熟的讲法。在此之前，康德的思路几经波折。在笔者看来，康德的思路经过了如下三个转变：第一，以1781年《纯粹理性批判》为核心的文本群直接将至善看成道德律成立的前提，至善作为赏善罚恶的结果而出现，至善的不可能性甚至直接威胁到了道德律本身：“即便每个人都把道德法则视为诫命，但如果道德法则不先天地把适当的后果与他们的规则连接起来，从而自身带有应许和威胁的话，道德法则也就不能是诫命。”（KrV，A 811，B 839–840）理性也不得不假定一个最高的智慧和来世的生活，否则道德的后

---

1 对康德的纯粹道德的分析，参见袁辉，2019：66–71。

2 “关于意志规定的各概念的这种秩序不可受到忽视，因为若不然，人们就将误解自己，因为自己在自相矛盾，其实一切都在彼此之间最完满的和谐之中。”（KpV，AA 05，110）

3 代表性的反对观点参见Beck，1960：243；Auxter，1979：121–134。代表性的辩护观点参见Fröster，2002：178。

果必然被取消，于是“把道德法则视为空洞的幻觉”（KrV，A 811，B 839）。这就是说，如果没有至善，道德法则也是空洞的。这集中体现于他所谈的“荒谬的实践（absurdum practicum）”：“如今，如果没有对‘尊严将使我们分有目的’这一希望，那么单纯的尊严就无法促动我们；也就是说，假定一个彼岸世界，这是一个必然的道德上的假设（hypothesis）。谁不假定它，谁就会陷入一个荒谬的实践。”（Refl.，AA 18，193）第二，随着《道德形而上学》和《实践理性批判》分析论的展开，道德律本身成为动机，道德律的自足性得到了最大程度上的强调，从而使得康德在至善的问题上摇摆不定，虽然康德在辩证论中仍然明确地将至善作为意志的规定根据。第三，最终在《判断力批判》中，康德从反思判断力入手，给出了至善作为意志规定根据的新阐释，这一阐释延续到了上述的《单纯理性限度内的宗教》的《序言》中。在本节接下来的内容中，我将简要阐述第二点，而接下来的一节中，我将重点阐释第三点。[1]

在《道德形而上学奠基》中，康德就试图以先天综合命题的思路来论证定言命令如何可能。康德曾经两次谈到过类似的思想。在该书的第二部分，康德通过选言、假言和定言的区分，界定了机智的命令式、技巧的命令式和道德的命令式，康德将前两种命令式称为“分析的实践命题（analytisch-praktischer Satz）”，因为人在意欲结果时也意欲为此所需要的行为；意欲目的，也就意欲相

1　非常感谢第二位匿名评审人给我的建议，他指出了“荒谬的实践”在第一批判中的重要作用，也就是说，康德从“理性的自洽”论证了德性与幸福的必然联结。另外，他还指出，康德在第三批判中，从道德目的论和反思判断力的角度重新解释了第一批判的思路，这一思路延续到了《单纯理性限度内的宗教》的《序言》中。后一点构成了本文第四部分的主体内容。特此感谢，但文责自负。

应的手段。但是，道德的命令式是定言命令，因而不能以任何前提条件为依据，康德指出，它是先天的综合实践命题（synthetisch-praktischer Satz a priori）。它之所以是先天的，是因为人们可以“先天地从而必然地把意志与行为联结起来”（GMS，AA 05，420），但是行为并不能从意志中分析性地推导出来，因此它必然是综合的。在该书的第三部分，康德再次提到上述的论断。“道德的原则毕竟始终是一个综合命题：一个绝对善的意志是准则在任何时候都包含着被视为普遍法则的自身的意志，因为通过分析，一个绝对善的意志的概念，并不能发现准则的那种属性”（GMS，AA 05，447），这里谈论的不再是意志与行为的关系，而是绝对的善的意志与准则的关系。[1]我们由此可以看到，康德在这两处所谈论的东西并不相同。

更重要的是，康德在《实践理性批判》的分析论中似乎彻底地否定了以先天综合命题来论证定言命令如何可能的思路，其原因就在于，实践的命题与理论的知识之间没有可比性。在理论知识中，人们可以证明，唯有将显象置于范畴之下，可能的经验对象才能够被认识。这是第一批判的先验演绎要完成的事情。但是康德似乎否定了道德法则的演绎也可以采取同样的思路：“因为道德法则所涉及的不是关于可以在别的地方以某种方式给予理性的那些对象的性状的知识，而是这样的知识，即它本身能够成为对象实存的依据，而且理性通过这种实存就具有一个有理性的存在者中的因果性，亦即能够被视为一种直接规定意志的能力的纯粹理性。”（KpV，AA 05，46）实践理性所涉及的对象是自由的对象，不是可能的经验对

1　对于康德的论证结构，可以参看 Schönecker，1999。

象，因此它没法像经验知识那样被演绎出来。非常奇怪的是，康德又在辩证论中倾向于以同样的方式演绎促进至善这项义务。而且，这个先天综合命题的内容又开始发生了改变，即它所谈论的是道德法则与终极目的的关系，而不是道德律与行为的关系或者意志与准则的关系。

虽然如此，我们依然可以从中看出康德的基本倾向。这种基本倾向就体现在《实践理性批判》辩证论的二律背反中：一方面，道德法则是意志的规定根据，至善只是人类按照道德律行动所造成的结果，换而言之，不能因为对至善的希求而影响道德法则的纯洁性；另一方面，至善必须是意志的规定根据，否则道德行为与不道德行为各自不同的实践后果的漠不相关性必然会损害道德本身的根基。因此，作为道德终极目的的至善必须反过来成为意志的规定根据，这似乎就成为康德必须践行的道路。道德意志与至善的关系必须以新的方式被刻画为先天综合命题。完成这项任务的正是《判断力批判》。

四、从反思判断力所做的新阐释

在第三批判中，康德指出了自然目的论的局限性，因为凭借理论理性的自然研究，我们无法揭示出自然是否必然有个终极目的。而道德的目的论弥补了自然目的论的不足："一种善良意志是其存在能够具有一种绝对的价值所唯一凭借的东西，而且唯有与这种东西相关，世界的存在才具有一个终极目的。"（KU，AA 05，443）换而言之，作为道德存在者的人成了创造的终极目的。由此，康德便在自由的理性存在者里面发现了一种道德的目的论，"这种道德目的论涉及我们自己的因果性与种种目的的关系，乃至与我们必须在世界上期冀的一种终极目的的关系，此外还涉及世界与那个道德目的的相互关系和那个道德目的的实现的外部可能性”（KU, AA 05, 447–448）。康德在这里指出的“我们自己的因果性”与终极目的的关系，即是德性与幸福、道德意志与至善之间的关系。因此，康德在第三批判回到了以道德目的论思路解决至善作为意志规定根据的问题，他指出：

> 如果人们假定某些事物……的存在是偶然的，因而只是通过作为原因的某种别的东西才是可能的，那么，人们就可以或者在自然的秩序中，或者在目的的秩序中［按照 nexu effectivo（效果的联系）或者 nexu finali（目的性的联系）］为这种因果性寻找至上的根据，因而为有条件者寻找无条件的根据（KU, AA 05, 448）。[1]

在这段话中，康德虽然并没有直接得出与《单纯理性限度内的宗教》类似的结论，即在后的“效果的联系”就其“目的的联系”而言是在先的，但也将二者当作同义词。人类不可避免地运用自己的反思性判断力，追问这个偶然的世界的终极目的。康德进而指出，这个终极目的“只能是服从道德法则的人”（KU, AA 05, 448），“唯有服从道德法则的理性存在者的实存，才能被设想为一个世界

1　在李秋零教授的译本中，effectivo 被错误地标成了“dffectivo”。另外，nexu finali 被翻译成“目的性的联系”，这与前面说到的《单纯理性限度内的宗教》相应文本处的“目的的联系”不统一。窃以为，“目的的联系”更佳，因为“目的性”的“性”没有着落。为了叙述方便，接下来本文就以“目的的联系”为准。

的存在的终极目的”（KU, AA 05, 449–450）。

正是在道德目的论的基础上，康德继续探讨至善这个终极目的。道德法则固然独自地令我们负有义务，“但是，它毕竟也为我们乃至先天地为我们规定了一个终极目的，它使我们有义务追求这一目的，而这一目的也就是通过自由而可能的尘世中的至善”（KU, AA 05, 450）。在这里，康德延续了第二批判对第一批判的突破，即将至善落实到“尘世”而非“彼岸”。至善这个终极目的，就是德性与幸福的一致。康德认为，这个终极目的的主观条件是幸福，“因此在尘世中可能的、应当尽我们所能当作终极目的来促进的自然至善，就是幸福”（KU, AA 05, 448），[1] 而客观条件便是道德性。康德指出，这个终极目的是置入人类的“一个不可抗拒的目的”（KU, AA 05, 451），“力所能及地促进这一目的，是由道德法则命令我们的，而不管这种努力的结果会是什么样的”（KU, AA 05, 451）。因此，人必然会按照道德目的论去设想整个世界，并且把至善当成我们意志的规定根据。

有一些学者通过人类在道德上的生存状态来阐明康德的至善是意志的规定根据和客体，这紧贴了康德在第三批判所达到的理论结果。[2] 他们都不约而同地将目光投向了康德在其中所举的斯宾诺莎的例子。作为一个道德上完善但不追求幸福的人，斯宾诺莎出于义务去行善，但是却不期待任何道德法则给他带来的幸福。这是出乎道德行动而不顾后果的体现。但是，康德随即指出，如下的情况必定会使得道德目的论遭到毁坏：“他虽然时而能够指望本性提供一

1 此处，“自然”对应的词是“physische”，这表明，这种幸福是一种身体上的满足。

2 Schmucker, 1967; Byrne, 2010; Langthaler, 2007: 9–71.

种偶然的支持，但却永远不能指望它提供与他觉得有义务去实现的目的的一种有规律的、按照恒常的规则……来印证的一致。虽然他本人是真诚的、和气的、善意的，欺诈、暴行和嫉妒也将总是在他周围横行；而且他在自身之外还遇到的那些诚实的人，无论他们怎样配享幸福，却由于对此不管不顾的自然，而仍然与地球上的其他动物一样，遭受着贫困、疾病和夭亡这一切不幸，而且就一直这样下去，直到一个辽阔的坟墓把他们全部吞噬掉（在这里，正直还是不正直都是一回事），而那些能够自信是创造的终极目的的人们被抛回到他们曾经从中超拔出来的物质无目的的混沌的深渊位置。”（KU，AA 05，452）在这种情况下，道德的根基必然会遭到质疑，换而言之，道德与不道德所产生的结果是相同的，甚至道德的人总是遭受厄运，而不道德的人总是获得幸福，那么对于以道德目的论来反思这个世界的理性存在者而言，道德法则会“因唯一适合其高尚要求的理想终极目的的无效而受到削弱”（KU，AA 05，452）。所以，人必然形成一个终极目的的理念，并且在实践中预设上帝的存在。

在第三批判中，康德看似返回到了第一批判的思路，也就是说，通过“荒谬的实践”来表明，如果不把至善当成道德意志的客体和终极目的，那么道德本身的根基也会遭到威胁。但是，二者有着根本的差别。首先，至善不再如第一批判所言，带有“应许和威胁”的性质，因为《道德形而上学奠基》与第二批判已经彻底将道德的自律置于突出的位置，第三批判的至善变成了道德目的论的题中之义。其次，至善包含的幸福也不再是彼岸的灵魂享受，而是此世内的“自然至善”，从而至善也不再是彼岸中希望的东西，而是人类此岸中行动的最终客体。最后，在第一批判中，尽管人类期望自然能够按照德性给人类配备幸福，但是自然本身对此无动于衷，而在第三批判中，通过反思判断力和道德目的论，自然被归入道德目的论，“德福一致”成了人类考察世界的必然方式。这三个方面最终在《单纯理性限度内的宗教》的《序言》中得到成熟而简练的表达。

五、小结

在康德的道德哲学中，至善是意志的客体和规定根据。贝克挑战了康德的立场，这一挑战是本文的论证起点。他指出，因为无法从“自我的完善”和“他人的幸福”中推导至善，所以无法说明促进至善是义务，更别说实现“德福一致”。这个观点奠定了康德的支持者和反对者的基本框架。我们从当代两种典型的论证出发，借用恩斯特龙与克莱因盖尔德的思路，分别从个体和共同体的视角，检讨其是否有力地证明了康德的理论。我们发现，这两种论证方式都不能很好地完成任务，并陷入了与反对者同样的困境。究其原因，康德对上述命题的论证并不能从经验的分析去考察，我们应该将其当作先天综合命题，先验地进行论证。本文选取了康德三个不同阶段的论述，分析他在达到上述结论前走过的探索过程。康德认为，只有将作为结果和终极目的的至善反过来当成意志的规定根据，才能有力地维系道德的基础。促进至善之所以是义务，其原因也在于此，而不在于通过任何“同时是目的的义务”拼接出来。

参考文献

康德：《康德著作全集》，李秋零主编，中国人民大学出版社 2003 年版。
袁辉：《作为科学的伦理学何以可能——康德的纯粹实践哲学及其使命》，《伦理学研究》2019 年第 1 期，第 66—71 页。

Albrecht, M. (1978). *Kants Antinomie der praktischen Vernunft*. G. Olms.
Auxter, T. (1979). The unimportance of Kant's highest good. *Journal of the History of Philosophy*, 17, 121–134.
Barth, U. (2005). *Gott als Projekt der Vernunft*. Mohr Siebeck.
Beck, L. W. (1960). *A Commentary on Kant's Critique of Practical Reason*. University of Chicago Press.
Byrne, P. (2010). *Kant on God*. Ashgate.
Caswell, M. (2006). Kant's conception of the highest good, the gesinnung, and the theory of radical evil. *Kant-Studien*, 97, 184–209.
Düsing, K. (1971). Das problem des höchsten gutes in Kants praktischer philosophie. *Kant-Studien*, 62, 5–42.
Engstrom, S. (1992). The concept of the highest good in Kant's moral theory. *Philosophy and Phenomenological Research*, 52 (4), 747–780.
Fröster, E. (2002). Die dialektik der reinen praktischen Vernunft. In Höffe, O. et al. (Eds.), *Kritik der praktischen Vernunft* (pp. 173–186). Akademie Verlag.
Guyer, P. (2011). Kantian communities: The realm of ends, the ethical community, and the highest good. In Payne, C. & Thorpe, L. (Eds.), *Kant and the Concept of Community* (pp. 88–120). University of Rochester Press.
Jaeschke, W. (1986). *Die Vernunft in der Religion: Studien zur Grundlegung der Religionsphilosophie Hegels*. Stuttgart-Bad Cannstatt: frommann-holzboog.
Kain, P. (2005). Interpreting Kant's theory of divine commands. *Kantian Review*, 9, 128–149.
Kang, J. Y. (2015). *Die allgemeine Glückseligkeit: Zur systematischen Stellung und Funktionen der Glückseligkeit bei Kant*. De Gruyter.

Kant, I. *Gesammelte Schriften*. Hrsg.: Bd. 1–22 Preussische Akademie der Wissenschaften, Bd. 23 Deutsche Akademie der Wissenschaften zu Berlin, ab Bd. 24 Akademie der Wissenschaften zu Göttingen. Berlin, 1900f.

Kleingeld, P. (1995). What do the virtuous hope for? Re-reading Kant's doctrine of the highest good. In Robinson, H. et al. (Eds.), *Proceedings of the Eighth International Kant Congress* (pp. 91–112). Marquette University Press.

Kleingeld, P. (2015). Kant on Good, the good, and the duty to promote the highest good. In Höwing, T. et al. (Eds.), *The Highest Good in Kant's Philosophy* (pp. 33–49). De Gruyter.

Langthaler, R. (2007). Das Vernunft-Gefüge der Ideen des Übersinnlichen in uns, über uns und nach uns als Fundament der Knatischen Religionsphilosophie. In Danz, C. & Marszalek, R. (Eds.), *Gott und das Absolute: Studien zur philosophischen Theologie im deutschen Idealismus* (pp. 9–71). Lit Verlag.

Marwede, F. (2018). *Das höchste Gut in Kants deontologischer Ethik*. De Gruyter.

Rawls, J. (2000). *Lectures on the History of Moral Philosophy*. Herman, B. et al. (Eds.). Harvard University Press.

Reath, A. (1988). Two conceptions of the highest good in Kant. *Journal of the History of Philosophy*, 26, 593–619.

Schmucker, J. (1967). *Die primären Quellen des Gottesglaubens*. Verlag Herder KG.

Schönecker, D. (1999). *Kant: Grundlegung III. Die Deduktion des kategorischen Imperativs*. Freiburg u. a.: Karl Alber.

Silber, J. (1959). Kant's conception of the highest good as immanent and transcendent. *The Philosophical Review*, 68 (4), 469–492.

Silber, J. (1963). The importance of the highest good in Kant's ethics. *Ethics*, 73, 179–197.

Stern, R. (2004). Does ought imply can? And did Kant think it does? *Utilitas*, 16, 42–61.

Timmermann, J. (2003). Sollen und Können. Du kannst, denn du sollst und Sollen impliziert Können im Vergleich. *Logical Analysis and History of Philosophy*, 6, 113–122.

Villarán, A. (2015). Overcoming the problems of heteronomy and derivation in Kant's idea of the highest good. *The Philosophical*

Forum, 46 (3), 287–306.
Wimmer, R. (1990). *Kants kritische Religionsphilosophie.* Walther de Gruyter.
Wood, A. (1970). *Kant's Moral Religion.* Cornell University Press.

Title: Why is it a Duty to Promote the Highest Good? Starting from Lewis W. Beck's Criticism of Kant

Abstract: Promoting the highest good is a duty, this is a key thesis in Kant's moral philosophy. Lewis W. Beck questioned this because he believed that the duty to promote the highest good cannot be derived from the "fulfillment of self" and the "happiness of others", which are developed in *Metaphysik der Sitten* as ends that are duties at the same time. This misled the interpretations of Kant's thesis. By combing the response of contemporary scholars to the challenge of Lewis W. Beck, this article points out that both Kant's advocates and opponents have neglected that the highest good is a synthetic proposition a priori in Kant's moral philosophy.

Keywords: the highest good; duty; morality; synthetic proposition a priori

综　述

葛梯尔问题：一个批判的综述[1]

胡星铭[2]

摘　要：许多哲学家认为，葛梯尔（Gettier）成功驳倒了传统的知识定义，对知识论做出了里程碑式的贡献。什么是传统的知识定义？葛梯尔是如何反驳的？有没有哲学家质疑葛梯尔的反驳？这些疑问有没有道理？认可葛梯尔反驳的哲学家有没有提出新的知识定义？如果有，哪些新的知识定义比较有影响？如何评判这些知识定义？本文简短地回答了这些问题。

关键词：葛梯尔问题；知识；认知运气；直觉

1957年，爱德蒙德·葛梯尔（Edmund Gettier）刚满30岁，还没有获得博士学位，就在韦恩州立大学（以下简称“韦恩”）做了临时讲师，这所大学在底特律市。20世纪五六十年代，底特律还没有出现经济衰退。韦恩哲学系主任乔治·纳赫尼基安（George Nakhnikian）善于招贤纳士，网罗了一批优秀的年轻哲学家到韦

1　收稿：2021年8月31日；修回：2021年11月23日；录用：2021年12月20日。

2　胡星铭，南京大学哲学系副教授，主要研究知识论。电子邮箱：xingminghu@nju.edu.cn。

恩任教，[1] 其中有四位后来成了著名的哲学家：赫克托-内里·卡斯塔内达（Héctor-Neri Castañeda）、爱德蒙德·葛梯尔、基思·莱勒（Keith Lehrer）和阿尔文·普兰丁格（Alvin Plantinga）。因为韦恩的哲学氛围极好，莱勒拒绝了布朗大学，普兰丁格拒绝了耶鲁大学，选择加盟韦恩。这些优秀的年轻哲学家经常聚在学校附近的咖啡馆讨论哲学问题，并创办了后来享有崇高国际声誉的期刊《努斯》(*Nous*)。他们让韦恩哲学系一下子成为美国著名哲学系之一。罗德里克·奇泽姆（Roderick Chisholm，1979：385）说："底特律的这一短暂时期（1955—1967 年）构成了美国哲学史上最耀眼的一幕。"斯科特·索姆斯（Scott Soames，2014：13）说："因为人才济济，以及年轻哲学家对这一行业的热情，在 1955 年至 1970 年间，韦恩哲学系因为其精确、热情和激烈的分析论辩而享有盛誉，在任何地方都没有对手。"[2]

1961 年，葛梯尔获得博士学位，成了韦恩哲学系的助理教授。两年后，他发表了一篇不足 1 000 字的论文。许多哲学家（如 Sosa et al.，2009：189）认为，这是一篇里程碑式的论文，成功驳倒了传统的知识定义。什么是传统的知识定义？葛梯尔是如何反驳的？有没有哲学家质疑葛梯尔的反驳？这些疑问有没有道理？认可葛梯尔反驳的哲学家有没有提出新的知识定义？如果有，哪些新的知识定义比较有影响？如何评判这些知识定义？本文试图对这些问题给出简短的回答。

1　乔治·纳赫尼基安后来离开韦恩，去印第安纳大学伯明顿分校［Indiana（Bloomington）］做哲学系系主任，也让印第安纳大学哲学系成为美国著名哲学系之一。

2　以上资料来自 Nathan Ballantyne，2019：11–13。

一、传统的知识定义

我们对许多问题感兴趣，想知道这些问题的答案。有时候我们知道一些问题的答案，但想考察其他人（比如学生）是否知道这些问题的答案。当一个人满足什么条件时，他才算知道某个问题的答案？

考虑一道几何选择题：一个直角三角形，两条直角边的长度分别是 13 和 84，斜边的长度是 _____？（A）95；（B）85；（C）91；（D）105。

想象有四个兄弟：伯、仲、叔、季。假设伯知道勾股定理，但在运算过程中出了差错，导致他相信 95 是正确答案，因而选了（A）。而实际上，正确答案是（B）。显然，伯不知道问题的答案。推而广之，如果 X 不是一个问题的正确答案，即使一个人相信 X 是正确答案，他也不知道这个问题的正确答案。简言之，如果 p 为假，S 不知道 p。

假设仲和叔都选了（B），但他们的理由不同：仲选择（B）是因为他认为 85 是四个答案里唯一的吉祥数字，只有吉祥数字才是正确答案；叔选择（B），则是因为他恰当地运用勾股定理，证明了斜边是 85。显然，与叔相比，仲并不知道问题的答案，他只是运气好，蒙对了。引而申之，假设 X 是一个问题的正确答案，但如果一个人是蒙对的，并不是基于好的理由相信 X 是正确答案，那么这个人也不知道这个问题的正确答案。简言之，如果 S 不是基于好的理由相信 p，那么 S 不知道 p。

假设季看到题目后，不知道要选哪个。他觉得 A、B、C、D

都有可能，无法判断哪个更有可能。他是个老实人，直接交了白卷。显然，季也不知道问题的答案。引而申之，如果一个人内心很不确定 X 是否是一个问题的正确答案，那么他就不知道这个问题的正确答案是 X。简言之，如果 S 不相信 p，那么 S 不知道 p。

在伯、仲、叔、季四个兄弟中，似乎只有叔知道（B）是正确答案，因为他相信（B）是正确答案，而（B）的确是正确答案，并且他不是蒙对的：他基于好的理由。由此似乎可以引申出：如果 S 相信 p，p 为真，并且 S 相信 p 是基于好的理由，那么 S 知道 p。

总而言之，S 知道 p 的充分必要条件似乎是：（i）p 为真；（ii）S 相信 p；（iii）S 相信 p 是基于好的理由（justified in believing p）。[1] 简言之，知识是基于好的理由的真信念（justified true belief，缩写为 JTB）。这一定义被许多哲学家视为传统的知识定义。有人认为这个定义可以追溯到柏拉图，笛卡尔和康德也都认可这个定义。[2]

根据传统的知识定义，如果 S 没有好的理由相信 p，那么 S 不知道 p。但什么是好的理由？有人（比如皮浪主义者）可能认为，只有严格的证明才能算好的理由：S 有好的理由相信 p ⟺ S 能对 p 给出严格的证明。[3] 还有人认为，只有 S 排除所有 ¬p 的可能，S 才有好的理由相信 p（参考笛卡尔《第一哲学沉思录》，“沉思一”）。但这两种观点都会导致怀疑主义。具体言之，我不能严格地证明我

1 理查德·费尔德曼（Richard Feldman，2008：341）指出，传统上讲的“justification”是指“好的理由（good reasons）”。外在主义没有尊重这一传统。

2 参考本文第四节的讨论。

3 根据流行的诠释，皮浪主义者阿格里帕（Agrippa）认为，我们不知道任何命题是否为真，因为我们没有好的理由相信任何命题：对于任何命题，只有三种证明方式（即无限倒退、循环、教条主义），每一种都是不好的。这种怀疑主义似乎预设了只有严格的证明才能算好的理由。

看到的外部世界的确存在，也不能排除“我看到的外部世界并不存在——我一直在做梦”这个可能。根据这两种观点，我没有好的理由相信我看到的外部世界的确存在。因此，我不知道我看到的外部世界是否存在。

许多哲学家认为怀疑主义对“好的理由”要求过高。好的理由只是足够强的理由，不是确凿不移的理由。即使你不能对 p 给出严格的证明，也不能基于已有的证据 100% 排除 ¬p，也可能拥有好的理由相信 p。日常生活中，假设我清清楚楚地看到前面站着一个人，我就有好的理由相信前面站着一个人。当然，我不能 100% 排除我在做梦的可能，但这种可能性很小。假设你是我的朋友，你告诉我最近买了一辆自行车，我就有好的理由相信你最近买了一辆自行车。当然，我不能 100% 排除你撒谎的可能，但这种可能性很小。一个有健全常识的人有好的理由去相信许多东西。根据这种观点，S 基于好的理由相信 p，不意味着 p 一定为真。S 可能基于好的理由相信一个假命题。

二、葛梯尔的反驳

葛梯尔认为，如果我们对于“好的理由”采取健全常识派的标准，那么传统的知识定义就是错误的，因为即使一个人是基于好的理由相信真命题 p，也不一定知道 p。他举了两个例子：

例一：史密斯（Smith）和他的朋友琼斯（Jones）同时向同一个公司求职。史密斯相信（a）琼斯会得到工作，因为他有很好的理由：公司总经理告诉史密斯，他们会录用琼斯。史密斯还相信（b）琼斯的口袋里有 10 个硬币，他也有很好的理由：史密斯数过琼斯口袋中的硬币，发现一共10个。史密斯从（a）和（b）推出（c）得到工作的那个人的口袋里有10个硬币，因此他有好的理由相信（c）。但事实上，（d）公司录用的是史密斯而非琼斯。总经理搞混了，并且（e）史密斯的口袋里也有10个硬币。是（d）和（e）而非（a）和（b）使得（c）为真。但史密斯完全没意识到（d）和（e）。在这个例子中，史密斯有好的理由相信真命题（c）。根据传统的知识定义，史密斯知道（c）。但显然，史密斯并不知道（c）。因此，传统的知识定义是错误的。

例二：史密斯相信他的朋友琼斯目前拥有一辆福特汽车。他之所以如此相信，是因为有很好的理由：在史密斯记忆中，琼斯过去一直有一辆福特汽车，并且前两天琼斯还开着福特汽车带着史密斯兜风。史密斯还有一个喜欢到处旅行的朋友叫布朗（Brown），但他不知道布朗身在何处。他猜是三个地方：波士顿（Boston）、巴塞罗那（Barcelona）或者布列斯托-立托夫斯克（Brest-Litovsk）。于是他从“琼斯目前拥有一辆福特汽车”推出：（i）琼斯目前拥有一辆福特汽车，或者布朗在波士顿；（ii）琼斯目前拥有一辆福特汽车，或者布朗在巴塞罗那；（iii）琼斯目前拥有一辆福特汽车，或者布朗在布列斯托-立托夫斯克。因为史密斯有很好的理由相信琼斯拥有一辆福特汽车，他又由此推出（i）（ii）（iii），那么他有很好的理由相信（i）（ii）（iii）。假设布朗事实上在巴塞罗那，而琼斯事实上早卖了他的福特汽车——他现在的车是租来的。但史密斯完全没意识到这两点。然而，史密斯有很好的理由相信（ii），而（ii）为真。那么根据传统的知识定义，史密斯知道（ii）。但显然，史密斯不知道（ii）。因此，传统的知识定义是错误的。

这两个例子的共同论证结构是：

1. 如果“S之所以相信q，是因为S相信p并从p演绎有效地推出q”，那么“如果S是基于好的理由相信p，那么S之相信q也必定是基于好的理由”。

2. 可能存在如下情况（可称为“葛梯尔情况”）：S是基于好的理由相信p；S之所以相信q，是因为S相信p并从p演绎有效地推出q；但事实上，p为假，而q为真，而S并不知道什么使得q为真。

3. 因此，在葛梯尔情况中，S基于好的理由相信q，并且q为真。

4. 但显然，在葛梯尔情况中，S不知道q。

5. 因此，基于好的理由的真信念不一定是知识。[1]

葛梯尔只是论证了“基于好理由的真信念不一定是知识”，并没有提出一个新的知识定义，但这篇不到1 000字的论文在哲学界引起了巨大反响。这100年来，可能没有一篇哲学论文比葛梯尔的论文在哲学界的影响更大。它迄今已被引用了几千次［据谷歌学术搜索（Google scholar）统计，至2021年7月31日，被引用4 947次[2]］。在这篇论文发表的23年后，约翰·波洛克（John Pollock，1986：180）称葛梯尔“单枪匹马地改变了认识论的进程”。在葛梯尔的文章发表50周年之际（2013年），认识论学者在

---

1 葛梯尔的论证针对的是传统的知识定义，其中“justification”指“基于好的理由”。但这并不意味着葛梯尔的论证对于其他的知识定义一定不成立。比如可靠主义者认为“justified belief”是指通过可靠过程形成的信念。简单可靠主义的知识定义是：知识 = justified true belief = 通过可靠过程形成的真信念。葛梯尔的论证似乎同样适用于这个定义。参见本文第六节第二点的讨论。

2 伊姆·雷拉卡托斯（Imre Lakatos）的论文《科学研究项目的证伪和方法论》（“Falsification and the Methodology of Scientific Research Programmes”）被引用15 000多次，但这篇论文在哲学界的影响似乎并不大。

英国的爱丁堡大学举行了葛梯尔问题50周年学术研讨会，会议论文被收录在《哲学研究》(*Philosophical Studies*）2015年的特刊（Vol. 172，No. 1），又在美国的斯沃斯莫尔学院举行了“思考知识：葛梯尔论文发表50年后的认识论（Thinking about Knowledge：Epistemology 50 Years after Gettier's Paper）”学术研讨会。在2017—2019年之间，出版了两本讨论葛梯尔问题的论文集，分别是罗德里戈·博尔赫斯（Rodrigo Borges）、克劳迪奥·德·阿尔梅达（Claudio de Almeida）和彼得·D. 克莱因（Peter D. Klein）主编的《解释知识：葛梯尔问题新论》(*Explaining Knowledge*：*New Essays on the Gettier Problem*，Oxford University Press，2017）和斯蒂芬·赫瑟林顿（Stephen Hetherington）主编的《葛梯尔问题》(*The Gettier Problem*，Cambridge University Press，2019）。

三、对葛梯尔反驳的反驳

葛梯尔反驳既受到许多哲学家的赞赏，也引起了一些哲学家的质疑。对于葛梯尔的质疑可以粗分为两种：一种认为葛梯尔反驳不能成立；另一种认为即使葛梯尔反驳成立，也没有重要意义。本节将讨论第一种质疑。第二种质疑留待下节讨论。

第一种质疑可以进一步分为三种：第一，否定葛梯尔反驳的前提一：即使S相信q，是因为S相信p并从p演绎有效地推出q，并且S是基于好的理由相信p，S之相信q也不一定是基于好的理由。第二，否定前提二：葛梯尔反例貌似成立，其实不成立。第三，否定前提四：在葛梯尔情况中，S知道q。（当然，有人可能会同时否定前提一、前提二和前提四。同时否定这三个前提，并不矛盾。）

否定前提一的有罗伯特·G. 迈耶斯、肯尼斯·斯特恩（Robert G. Meyers & Kenneth Stern，1973）、D. M. 阿姆斯特朗（D. M. Armstrong，1973）、罗伯特·奥迪（Robert Audi，1995）等人。迈耶斯、斯特恩（1973）和阿姆斯特朗（1973）反对前提一的论证诉诸以下原则：错误的信念不能构成相信一个命题的好的理由，[1]（按 Williamson，2000：185）认为只有知识才能构成证据。证据主义者认为，我们有好的理由相信 p，当且仅当我们拥有的总体证据支持 p。结合这两个观点也可以推出：错误的信念不能构成相信一个命题的好理由。我们可以基于好的理由相信一个假命题，但相信这个假命题不能构成我们相信其他真命题的好的理由，即使其他真命题可以从这个假命题推导出来。因此，葛梯尔论证的前提一是错误的。

罗伯特·奥迪（1995）反对前提一的论证类似于弗雷德·德雷茨克（Fred Dretske，1970）和罗伯特·诺齐克（Robert Nozick，1981）的反知识闭合原则论证。知识闭合原则是指：如果 S 知道 p，并且 S 从 p 演绎出 q 并因此相信 q，那么 S 知道 q。德雷茨克给出如下反例：你去动物园，看到一只长得非常像斑马的动物，就相信那是一匹斑马。你的视觉是可靠的，你看到的动物的确是一匹斑马。根据我们的直觉，你显然知道那是一匹斑马，但你并不知道那不是一头被巧妙伪装成斑马的驴子。然而，你可以从“那是一匹

1 有些哲学家（比如 Gilbert Harman）捍卫以下知识定义：S 知道 p = JTB + S，之所以相信 p，不是因为基于错误的信念（或许再加其他一些条件）。这个定义并不否定错误的信念可以是好的理由。只是如果我们是基于错误的信念相信 p，我们就不知道 p。

斑马”推出“那不是一头被巧妙伪装成斑马的驴子”，并因此相信后者。因此知识闭合原则是错误的。奥迪用类似的论证否定葛梯尔论证的前提一：你有好的理由（justified）相信那是一匹斑马，但你没有好的理由（justified）相信那不是一头被巧妙伪装成斑马的驴子，即使你可以从“那是一匹斑马”推出“那不是一头被巧妙伪装成斑马的驴子”（参见 Samir Okasha，1999）。

然而，否定前提一并不对葛梯尔的论证构成致命的打击，因为我们可以对葛梯尔反例略做修改，使它不依赖于前提一。比如罗德里克·奇泽姆（1989：93）就给出了一个没有任何推理的例子：

田中之羊：假设你正站在一块田地外面。你看到田里有一只看起来完全像羊的动物。你立刻产生一些信念，比如你相信（a）你看到的那只动物是羊，也相信（b）田里有一只羊。但你不是从 a 推出 b，而是直接相信 b——你的观察直接导致了你相信 b。但你所看到的其实是一只狗，伪装成一只羊。然而，在田野中间的草垛后面的确有一只羊，只是你看不到那只羊，也没有证据证明它的存在。在这个例子中，你基于好的理由相信田里有一只羊，但显然，你并不知道田里有一只羊。[1]

否定前提二的有胡军（2008）、陈嘉明（2008）和莫蒂·米兹拉希（Moti Mizrahi，2016）等人。关于葛梯尔的第一个例子，他们似乎都认为史密斯从“琼斯会得到工作，并且琼斯的口袋里有 10 个硬币”到“得到工作的那个人的口袋里有 10 个硬币”的推理

---

1 扎格泽布斯基（Zagzebski，1996：285–286）的“丈夫”例子与此类似。这两个例子都是对费尔德曼（1974：69）的“无车先生”例子的简化。费尔德曼用“无车先生”例子论证了葛梯尔问题的核心不是从假信念推出真信念。

是有问题的。对于我们而言，“得到工作的那个人的口袋里有 10 个硬币”这个命题为真，因为“得到工作的那个人”是指史密斯自己。但对于史密斯而言，“得到工作的那个人”是指琼斯，而非指史密斯自己。因此，史密斯所理解的“得到工作的那个人的口袋里有 10 个硬币”这个命题实际为假。史密斯从一个真命题（即“琼斯会得到工作，并且琼斯的口袋里有 10 个硬币”）推出了一个假命题（即“得到工作的那个人的口袋里有 10 个硬币”），这种推理显然不是演绎有效的。[1]

然而，即使胡军等人对这个例子的分析是正确的，他们的分析似乎不适用于葛梯尔的第二个例子。事实上，胡军和陈嘉明没有讨论葛梯尔的第二个案例。虽然米兹拉希认为他的分析同样适用于葛梯尔的第二个例子，但这个观点似乎不成立。在第二个例子中，史密斯做了两次推理。他先从“他记得琼斯过去一直有一辆福特汽车，并且前两天琼斯还开着福特汽车带着史密斯兜风”（归纳地）推出“琼斯目前拥有一辆福特汽车”。对于史密斯而言，这两个命题中的琼斯是指同一个人。史密斯又从“琼斯目前拥有一辆福特汽车”推出“琼斯目前拥有一辆福特汽车，或者布朗在巴塞罗那”。对于史密斯而言，这两个命题中的琼斯也是指同一个人。

最后，否定前提四的有斯蒂芬·赫瑟林顿（1998，2001）和艾伦·穆斯格雷夫（Alan Musgrave，2012）等。他们认为知识与运气是兼容的。我们的直觉是：在葛梯尔情况中，史密斯并不知道他

1 这是我对胡军、陈嘉明和莫蒂·米兹拉希三位学者核心观点的解读，不一定准确。他们的论证不太容易把握。

相信的命题为真。为什么我们会有这一直觉？通常的解释是：因为史密斯的确不知道他相信的命题为真，而我们关于葛梯尔情况的直觉是可靠的。一个类比：直觉上，如果 a=b，b=c，那么 a=c。为什么我们会有这一直觉？通常的解释是：因为“如果 a=b，b=c，那么 a=c”的确为真，而我们关于这个命题的直觉是可靠的。但赫瑟林顿给出了另一个解释——因为葛梯尔情况是有认知运气的罕见情况，而我们的直觉受到了正常情况的影响：正常情况下我们都不是通过运气获得知识。赫瑟林顿认为，史密斯只是幸运地知道他相信的命题为真，并非不知道；我们关于葛梯尔情况的直觉是不可靠的。

然而，赫瑟林顿没有论证他的另类解释比通常的解释更好。此外，通常的解释可以接受赫瑟林顿另类解释中的部分观点——我们的直觉受到了正常情况的影响：正常情况下我们都不是通过运气获得知识的。我们关于 X 的直觉受到了正常情况的影响，并不意味着我们关于 X 的直觉是错误的。一个类比：婴儿被父母虐待的情况比较罕见，我们关于这种罕见情况的道德直觉是，父母在道德上犯了严重的错误。这个直觉当然受到了正常情况的影响，但并不意味着它是错误的。赫瑟林顿要为“史密斯幸运地知道他相信的命题为真”这个反直觉的观点辩护，需要论证他诉诸的知识理论比其他知识理论更好。

此外，一些实验哲学家虽然没有直接否定前提四，但提出了一些怀疑前提四的证据。接受前提四的哲学家（包括葛梯尔在内）似乎都诉诸直觉：直觉上，在葛梯尔情况中，认知主体史密斯并不拥有知识。但乔纳森·M. 温伯格、肖恩·尼科尔斯、斯蒂芬·斯蒂奇（Jonathan M. Weinberg，Shaun Nichols & Stephen Stich，2001）

通过调查发现不同种族背景、不同经济社会地位的人（非专业哲学家）对葛梯尔情况有着不同的直觉，但他们的调查结果也遭到另一些实验哲学家的质疑（Edouard Machery et al.，2015；Minsun Kim & Yuan Yuan，2015；Hamid Seyedsayamdost，2015）。

四、对葛梯尔反驳之意义的质疑

另一种对葛梯尔反驳的质疑是：即使它成立，也没什么意义。几乎没有哲学家公开说葛梯尔反驳没有意义，但一些哲学家提出了一些有趣的观点，而这些观点可能会被用来质疑葛梯尔反驳之意义。

首先，有些人可能会认为葛梯尔犯了"稻草人谬误"。赞赏葛梯尔反驳的人常常说葛梯尔驳倒了传统的知识定义。但最近有哲学家认为这种说法是个神话，因为自柏拉图以来，几乎没有一个著名哲学家认可葛梯尔所反驳的那个知识定义。比如朱利安·杜坦（Julien Dutant，2015）认为，传统的知识定义认为好的理由是确凿不移的理由：如果你有好的理由相信 p，那么 p 一定为真。但正如我们在第一节指出的，葛梯尔所反驳的知识定义并不认为好的理由是确凿不移的理由。皮埃尔·勒莫凡（Pierre Le Morvan，2017）认为，保罗·K. 莫泽（Paul K. Moser）把葛梯尔所反驳的那个知识定义追溯到柏拉图，劳伦斯·邦乔（Laurence BonJour）把葛梯尔所反驳的那个知识定义追溯到笛卡尔，罗伯特·K. 肖普（Robert K. Shope）把葛梯尔所反驳的那个知识定义追溯到康德，都是没有根据的。勒莫凡的结论是：几乎没有文本证据支持"葛梯尔反驳的知识定义是传统的知识定义"这个说法。杜坦和勒莫凡虽然没有质疑葛梯尔反驳的意义，但有人可能会利用他们的观点来暗示葛梯尔的反驳没有意义：如果葛梯尔反驳了任何哲学家都不认可的观点，那么他犯了“稻草人谬误”。如果他反驳的观点只是当代少数分析哲学家的观点，而非历史上伟大哲学家的观点，那么他反驳的意义不大。

值得注意的是：第一，葛梯尔本人并没有断言他反驳的定义是柏拉图、笛卡尔或康德等伟大哲学家认可的定义，虽然他提到柏拉图的著作似乎讨论到他反驳的观点。第二，杜坦和勒莫凡并不是哲学史专家，他们的专业领域并非柏拉图或笛卡尔研究。其实有些著名的柏拉图专家（如 Gail Fine，1979）认为柏拉图在很大程度上认可葛梯尔所反驳的那个定义。有些著名的笛卡尔专家（如 Lex Newman，2019）认为笛卡尔是否认可葛梯尔所反驳的那个定义，是个开放的问题［纽曼（Newman）特别提到笛卡尔在回应“第二组反驳”时，明确指出他所谓的确定性并不蕴含真理：即使你确定 p 为真，无法怀疑 p，也不意味着你没有错——p 仍可能为假］。当然，的确有些专家认为柏拉图和笛卡尔对知识的定义与葛梯尔所反驳的那个定义非常不同，但这是专家内部的分歧。第三，一些哲学家认为，即使葛梯尔反驳的观点不是传统的知识定义，也不影响他反驳的价值，因为他反驳的观点是非常值得反驳的。比如阿尔文·普兰丁格（1990：45）说：“在葛梯尔之前，很难找到关于知识的 JTB 分析的明确陈述；这几乎就像一个杰出的批评家在破坏传统的过程中创造了一个传统一样。”

其次，有些人（Mark Kaplan，1985）认为葛梯尔的反驳意义不大，因为给出知识的充分必要条件对于我们的探究并无帮助。对于探究而言，重要的是让我们的信念建立在我们拥有的最好的证据上。至于建立在最好证据上的信念是不是可以叫“知识”，并不重要。无论葛梯尔的反驳是否成功，都不影响我们实际的探究。

但这个论证似乎不能成立。尝试给出知识的充分必要条件本身是一种探究。即使一种探究对其他探究意义不大，也不能说明它意义不大。比如，即使科学哲学对于科学探究并无帮助，也并不意味着它是不重要的：科学哲学可以帮助我们更好地理解科学。同样，给出知识的充分必要条件可以帮助我们更好地理解我们认知的限度以及我们平常对“知道”一词的使用。

此外，还有些人可能会认为葛梯尔的反驳意义不大，因为他只是在很浅的层次上为一个深刻的洞见（即知识是不可分析或定义的）提供一个例证。一些著名哲学家认为知识是不可分析或定义的。20 世纪的一些著名哲学家如维特根斯坦、蒯因和波普尔都是反本质主义者。粗略地说，他们认为事物是没有本质的，而“什么是 X ？”这种问题预设了 X 有本质，是伪问题。葛梯尔的论文发表于 1963 年，那时维特根斯坦虽已去世，但波普尔和蒯因依旧活跃（波普尔于 1994 年去世，蒯因于 2000 年去世），并且他们都关心认识论问题。但他们没有写一个字评论葛梯尔的文章。这似乎不是因为他们不屑批评葛梯尔这种初出茅庐的年轻后辈［事实上，罗素在他的《人类的知识——其范围与限度》(*Human Knowledge: Its Scope and Limits*，1948）一书中提出了与葛梯尔反例非常相似的例子］，而是因为——我大胆地猜测——根据他们的反本质主义，知识本来就是不可定义的（给 X 下一个定义 = 说明构成 X 的充分必要条件，而这些条件描述了 X 的本质），任何对知识的定义一定会失败。也许，在波普尔和蒯因看来，葛梯尔的反驳仅仅是为他们的观点提供了一个例证。然而，甚少哲学家认可反本质主义。[1] 在知识论界，唯一的例外似乎是爱德华·克雷格（Edward Craig，1990）。他认为知识是个维特根斯坦意义上的家族相似概念，无法被分析／定义为一组充分必要条件。

近年来，蒂莫西·威廉姆森（Timothy Williamson）从另一个角度论证了知识是不可分析／定义的。他认为，X 是可分析的，仅当 X 可以被拆解成几个部分。一个复杂的东西可以分析成许多简单的部分，这些部分以某种方式组合在一起构成那个复杂的东西。但最简单的东西——没有部分的东西——是不可分析的。这种最简单的东西常被称为“基本之物（primitive thing）”。[2] 威廉姆森（2000：30）认为知识是一种基本之物——一种基本的心智状态（a primitive mental state）。

为什么知识是不可分析的？威廉姆森似乎将其诉诸最佳解释推理：自葛梯尔以来所有对知识的分析都是失败的，而对这一失败的最佳解释是知识是不可分析的。具体言之，他认为自葛梯尔以来绝大多数知识论都把知识分析为“真信念 +X”，但这种分析不可能成功。因为成功的分析必须是非循环的，但我们必须用“知道 p”去分析 X，无法避免循环。但威廉姆森没有解释为什么必须用“知道 p”去分析 X。他只是给出一个类比（Williamson，2000：3）：红

1 维特根斯坦、蒯因和波普尔的反本质主义思想在发表之后就遭到许多哲学家的批评。

2 有人把“primitive”翻译成“原初”或“初始”，比如把逻辑术语“primitive terms”翻译成“初始词项”。不可否认，“primitive”有“原初”或“初始”之意。但查英文字典，“primitive”也可表示“十分简单和基本（very simple and basic）”。在哲学和逻辑中，“primitive”的意思常常侧重在“简单和基本（simple and basic）”。

色的 = 有颜色的 +Y。这个对“红色”的分析不可能成功，因为我们必须用“红色”去分析 Y，无法避免循环。此外，我们似乎不能说“有颜色的”是构成“红色”的部分。同样，我们似乎也不能说“相信真命题 p”是构成“知道 p”的部分。[1] 这个类比有助于我们理解他的观点，但他似乎并没有把这个类比当作一个论证。

威廉姆森似乎进一步认为，因为知识是不可分析的，所以我们无法给出对知识的定义。给 X 下一个定义 = 说明构成 X 的充分必要条件，而这些条件描述了构成 X 的部分。威廉姆森似乎认为——虽然他没有明确这样说——仅仅给出 X 的充分必要条件，不一定是给 X 下一定义。比如，S 有心，当且仅当 S 有肝。这给出了心的充分必要条件，但不是在给心下定义。对 X 的定义必须描述构成 X 的部分。如果 X 是不可分析的，那么 X 是基本之物，没有部分，因而不可定义。

但这个观点意味着从“知识是不可分析或定义的”推不出“我们无法给出知识的充分必要条件”，也推不出“给出知识的充分必要条件是不重要的”。事实上，威廉姆森认为我们可以给出知识的一些必要条件，如阿尔文 · 戈德曼（Alvin Goldman，2009：74）所说，威廉姆森“清楚地表明真、信念和可靠性（更准确地说，安全性）是知识的必要条件”。这一观点显然冲淡了“知识是不可分析的”这一主张。戈德曼（2009：73）甚至觉得威廉姆森的立场不太融贯。

1 虽然威廉姆森没有提到摩尔（G. E. Moore），但他对知识的观点与摩尔对善（goodness）的观点很相似。摩尔认为善是基本之物，不可分析或定义。他也用颜色做类比：黄色也是基本之物，不可分析或定义（见 Moore，*Principia Ethica*，§ 10）。

五、葛梯尔问题

尽管葛梯尔的反驳遭到了一些质疑，但大多数哲学家认为葛梯尔的论证是成功且重要的。大卫·刘易斯（David Lewis，1983：x）暗示葛梯尔彻底驳倒了知识（knowledge）= JTB，认为葛梯尔的论证和哥德尔（Gödel）的证明一样严谨，是哲学论证的模范。彼得·范因瓦根（Peter van Inwagen，2006：39）也把葛梯尔的论证和哥德尔的证明并列，认为它们是哲学史上罕见的成功论证（虽然它们的结论是否定性的）。阿尔文·普兰丁格甚至套用诗人赞美牛顿的话来赞美葛梯尔。英国诗人亚历山大·蒲柏（Alexander Pope）写诗赞美牛顿："自然和自然规律隐藏在黑夜之中，上帝说'让牛顿降生吧'，于是一切都被照亮。"普兰丁格（1993：31）写道："知识是有好的理由支持的真信念——自古以来我们一直这么认为。然后上帝说，'让葛梯尔降生吧'；也许并非一切都被照亮，但无论如何，我们开始知道我们从前一直站在一个黑暗的角落。"[1]

认可葛梯尔论证的哲学家试图给出新的知识定义。他们也可以粗分为两派：一派认为传统的三个条件（justified true belief，JTB）虽然不是知识的充分条件，但仍是知识的必要条件。正确的知识定义是在传统定义的基础上增加一个新的条件，即知识 = JTB + X。X 被称为"葛梯尔条件"，用来避免葛梯尔情况。寻找葛梯尔条件，就是著名的葛梯尔问题。另一派认为好的知识定义虽然必须避免葛梯尔情况，但好的知识定义不可落入 JTB + X 这种框架。如何给出一

1 以上资料来自 Rodrigo Borges, Claudio de Almeida & Peter D. Klein（2017：vii）。

个能避免葛梯尔情况的知识定义，是广义上的葛梯尔问题。

六、对葛梯尔问题的回应一：JTB + X

本节将介绍两个采取 JTB + X 这一框架的著名知识定义："无削弱者"和"排除其他相关选项"理论。

（一）"无削弱者"理论

有些哲学家（比如 Lehrer & Paxson，1969；Shope，1983；Conee & Feldman，2004：3–4）认为 X 是"无削弱者（no defeaters）"这个条件：

S 知道 p = JTB + 不存在削弱者。

这种定义最著名的版本是康尼、费尔德曼（Conee & Feldman）的证据主义。证据主义认为，S 有好的理由（justified）相信 p，当且仅当 S 拥有的证据支持信念 p。在葛梯尔的例子中，史密斯拥有 JTB，因为史密斯的真信念是基于很强的证据。[1] 史密斯不拥有知识，是因为存在削弱者。"削弱者"是指一个能够削弱（defeat）S 之理由强度的真命题 q：如果 S 相信 q，就不再有好的理由（unjustified）相信 p。

假设你相信（P）小王偷了你的手表，理由是（R1）你看到他戴的手表跟你丢失的手表很像，并且（R2）小王有小偷小摸的坏

1 值得一提的是，康尼和费尔德曼区分了"有好的理由支持的信念（justified belief）"与"基于好的理由的信念（well-founded belief）"。他们认为传统的知识定义是用"有好的理由支持的信念"去定义知识，而不是用"基于好的理由的信念"去定义知识。我的解读与他们不同。我认为传统知识定义所讲的"justified belief"，就是他们讲的"well-founded belief"。参见 Conee & Feldman（2004：105）。

名声。假设 R1 和 R2 为真，那么你有好的理由相信 P。但实际上，（D）你的手表被你遗忘在你家的浴室里。你没有意识到 D。但如果你同时意识到 R1、R2 和 D，那么你就没有好的理由相信 P。换言之，一旦你意识到 D，它就削弱了 R1 和 R2 的证据效力。哲学家称 D 这样的真命题为削弱者（defeater）。[1]

"无削弱者"理论似乎可以处理葛梯尔举的两个例子。在第一个例子中，史密斯相信（i）得到工作的人的口袋里有 10 个硬币，理由是（ii）公司总经理告诉史密斯，他们会录用琼斯，以及（iii）史密斯数过琼斯口袋中的硬币，发现一共有 10 个。但存在如下真命题：（iv）得到工作的人是史密斯本人而非琼斯。（iv）会削弱（ii）和（iii）作为支持（i）之证据的效力：一旦史密斯意识到（iv），就不再有好的理由（unjustified）相信（i）。因此，根据"无削弱者"理论，S 不知道（i）。葛梯尔举的第二个例子可以做类似处理。

（二）"排除其他相关选项"理论

另一些采取 JTB + X 这一框架的哲学家认为 X 是"排除其他相关选项（rule out all the relevant alternatives）"这个条件，具体言之：

1 削弱有程度之别。假设 E 是本来被当作证据的东西。有时候一个"defeater"能在很大程度上削弱 E，使得 E 的证据效力接近为零，但有时候一个"defeater"仅在一般程度上削弱了 E 的证据效力，使得 E 并不足够强——不足以使得一个信念受到辩护。因此，把"defeater"翻译成"否决性的证据"或"证据的否决者"似乎都不妥。赵海丞在个人通信中提醒我："削弱"这个词似乎不太合适。因为根据波洛克，"defeater"有两种："undercutting defeater"和"rebutting defeater"。假设你基于证据 E 而相信 p。"undercutting defeater"是削弱证据 E 效力的东西，"rebutting defeater"是直接支持 ¬p 的东西。把"defeat"翻译成削弱很容易让人想到"undercutting defeater"。这一观点预设了直接支持 ¬p 的东西可能不是削弱证据 E 效力的东西。

S 知道 p = JTB + S 能排除所有相关的 ¬p 选项。

这种定义最著名的版本是阿尔文·戈德曼的过程可靠主义。[1] 根据过程可靠主义（Goldman，1979），S 基于好的理由（justified）相信 p，当且仅当 S 的信念 p 是由一个可靠的过程产生的。[2] 一个产生信念的过程（比如观察、推理、记忆等）是可靠的，当且仅当这个过程产生的真信念的比例足够大（至少大于 50%，但可以小于 100%）。比如，在正常光线条件下，你通过观察获得许多信念（比如通过观察而相信前面有一棵树），其中每 100 个信念中，有 95 个为真，只有 5 个为假。那么你的信念形成过程是可靠的。

过程可靠主义认为，在葛梯尔的例子中，史密斯拥有 JTB，因为史密斯的真信念是由一个可靠的过程产生的。具体言之，史密斯分两步进行推理：首先，他从一些真命题出发进行归纳推理，虽然运气不好得出了一个假的结论，但推理过程是比较可靠的。从这个推理过程，史密斯虽然实际上产生了假信念，但是“基于真命题的归纳推理”作为一种信念产生的过程，其本身是可靠的，即这样的一个过程产生的真信念的比例较高。其次，史密斯从第一步得出的结论出发，进行有效的演绎推理。第二步是否可靠依赖于从第一步得出的结论：如果从第一步得出的结论为真的情况多于为假的情况，那么第二步也是可靠的。因此，综合第一步和第二步，史密斯的信念产生过程是可靠的。

戈德曼认为，要知道 p，还需要加上一个条件：S 能排除所有

1 其他认为“排除其他相关选项”是知识的必要条件的哲学家有弗雷德·德雷茨克（1970）和大卫·刘易斯（1996）等人。

2 的确，S 的信念 p 是由一个可靠的过程产生的，并不意味着 S 能为 p 提供辩护性的理由。但“S 基于好的理由（justified）相信 p”与“S 能为 p 提供辩护性的理由”是两回事。

相关的 ¬p 选项。[1]“S 能排除所有相关的 ¬p 选项”是说：不存在这样一个相关的 q（q 是某个 ¬p 选项），如果 q 为真（而 p 为假），那么 S 会依旧相信 p（Goldman，1976：778，显然这是一种敏感性原则）。判断一个选项是否相关的标准是什么？戈德曼（1976）似乎认为，如果这个选项发生的可能性比较大，就是相关选项；如果发生的可能性非常小，就不是相关的。比如要知道你看到的人是王五，你必须能排除“这人不是王五而是他的双胞胎弟弟”这个选项，但不需要排除“你是一个‘缸中之脑’，看到的不是王五而是幻象”这个选项。为什么前者是相关的选项，而后者不是？因为后一个选项发生的可能性微乎其微，因此是无关的。而前一个选项发生的可能性比较大，因此是相关的。但戈德曼并没有给出一个“可能性比较大”的严格标准，在为《劳特利奇哲学百科全书》(*Routledge Encyclopedia of Philosophy*）撰写的“可靠主义（Reliabilism）”的词条中，他暗示现实的可能性（realistic possibilities）都是相关的。

“排除其他相关选项”这个条件可以很好地处理葛梯尔给出的两个案例。在第一个例子中，戈德曼会说，史密斯之所以不知道得到工作的那个人的口袋里有 10 个硬币，是因为如果他和琼斯都没有得到那份工作，他依旧会相信得到工作的那个人的口袋里有 10 个硬币。“他和琼斯都没有得到那份工作”这个可能不是虚无缥缈的可能，而是现实的可能，因此是相关选项。葛梯尔举的第二个例子可以做类似的处理。

1　戈德曼的观点不是简单版可靠主义。根据流行的说法（比如 Hilary Kornblith，2004：185；Linda Zagzebski，2003：13），简单版可靠主义对知识的定义是：S 知道 p ⟺ S 的真信念 p 是由一个可靠的过程产生的。

七、对葛梯尔问题的回应二：TB + X

上一节介绍的两个知识定义都符合 JTB + X 这个模式。本节将介绍两个不同于这一模式的定义：德性知识论与充足信息论。这两个理论都认为真信念是知识的必要条件，但没有用“justification”去定义知识。

（一）德性知识论

德性知识论有很多版本（Sosa，1991，2007；Zagzebski，1996；Greco，2003；Pritchard，2010；Turri，2011），其核心思想是：

S 知道 p，仅当 S 因为其理智德性而相信真命题 p。

本节主要介绍欧内斯特·索萨（Ernest Sosa，2007）的版本。索萨对知识的定义是：S 知道 p↔S 因为运用自己的理智德性而相信真命题 p。其中的“理智德性（intellectual virtues）”，是指理智能力（intellectual competence），即一种让主体在适当的正常环境中有较大概率获得真信念的倾向（Sosa，2007：29）。[1] 索萨（2007：22–23）用射击作为类比，去阐明这一定义。他认为相信和射击一样，是一种表现（performance），而任何表现都可以从三个方面去评估：第一，它是不是实现了目标；第二，它是不是展现了能力；第三，它是不是因为能力而实现了目标。

对于射击来说，射中靶心是目标。假设甲和乙是两个射手。乙是很拙劣的业余射手，每射击十次，至少有八九次错失靶心，只有

1 索萨早期将理智德性定义为“有助于获得更多真信念，同时尽可能避免假信念的品质”（见 Sosa，1991：225）。

一两次射中。射中的那次实现了射击的目标，但不是因为能力而实现目标，而是因为运气。甲是技能很高的专业射手，每射击十次，必有八九次射中靶心。当然，技能很高也难免会出错。假设甲的箭发出后，本来是要直中靶心，但突然来了一阵大风将箭吹偏了，最终没有射中靶子。在这种情况下，甲的射击依旧展现了他的能力。如果其他专业射手和教练看到甲的射击，会觉得非常专业，不会批评和指点甲（比如不会纠正甲射击的姿势）。还有一种异常情况：假设甲的箭发出后，本来是要直中靶心，但突然来了一阵大风将箭吹偏了，然后再有一阵相反方向的大风将箭吹回了正确的轨道，因此射中了靶心。在这种情况下，箭虽然是甲这种专业射手发出的，但之所以射中靶心，却并非因为甲的能力，而是因为两阵风。如果没有这两阵风，甲就是因为他的能力而射中靶心。

索萨认为相信好比射箭，靶心是真理。相信一个真命题（获得真理），好比射箭射中靶心。假设你是一位刑警，有敏锐的观察能力与推理能力。经过对某个案件现场的考察和对相关人物的走访，你搜集到大量证据，都指向赵四是凶手。你也因此相信赵四是凶手。实际上，你的推断是正确的——赵四的确是凶手。你实现了信念的目标，并且是因为运用相关能力而实现这个目标。假设你也有运气不好的时候：另一件案件中的凶手非常狡猾，给自己制造了不在场的证据，又制造了一些指向死者自杀的证据。你竭尽全力搜集了相关证据，在此基础上得出“死者自杀”的结论。你没有实现信念的目标——获得真理。但你的错误信念仍展现了你的能力，如果其他刑警看到你的调查、分析和推断，会觉得非常专业，不会批评和指点你。假设你也有运气好的时候：有个婚姻纠纷案件，妻子误以为自己杀死了丈夫，给自己制造了不在场的证据，又制造了一些指向丈夫自杀的证据。你竭尽全力搜集了相关证据（主要是妻子制造的那些证据），在此基础上得出“丈夫自杀”的结论。实际上，丈夫并没有被妻子杀死，只是昏厥过去，但醒来的时候，因感到绝望而自杀。你实现了信念的目标，也有很好的分析和推理能力，但不是因为运用这些理智能力而实现这个目标。

在索萨看来，任何表现都有精准（accuracy）、能干（adroit）和切当（apt）三个维度，索萨称之为“表现的AAA结构”。实现了目标的表现是精准的；展现出能力的表现是能干的；因为能力而实现目标，是为切当。知识是切当的信念——因为运用理智能力而获得的真信念。换言之：

S知道p↔S的信念p是切当的↔S因为运用自己的理智德性（能力）而相信真命题p。

索萨对葛梯尔问题的回答是：即使S基于足够强力的证据而相信真命题p，仍可能不是通过运用理智德性（能力）而获得真信念p，因此仍可能不知道p。在葛梯尔的第一个例子中，史密斯虽然有很强的证据相信真命题p（得到工作的那个人的口袋里有10个硬币），但他的信念之所以为真，不是因为运用了理智德性（能力），而是因为运气。葛梯尔举的第二个例子可以做类似的处理。

有人会反驳说：索萨的回答不能成立，因为在葛梯尔情况中，史密斯有很好的观察和推理能力，并且是通过运用这种能力而相信真命题p。换言之，他之所以相信真命题p，不是靠猜测，也不是靠求神问卜，而是因为运用了他的理智能力：观察和推理。他能获得真信念，固然有一点运气，但他的能力也起了很大作用。

为了回应这一反驳，索萨（2007：95）区分了“为什么某人有某个信念”与“为什么某人的信念为真”。他说：某个东西能解释某个实体为什么存在，不一定能（部分地）解释为什么这个实体有某种属性。比如有一辆被撞坏了的汽车，是沃尔沃（Volvo）公司生产的。沃尔沃公司的生产解释了为什么这辆坏了的汽车存在，但没有解释这辆汽车为什么坏了。这辆汽车之所以坏了，是因为被撞，跟沃尔沃公司一点关系都没有。同样，索萨认为我们可以通过占卜获得一个真信念：占卜解释了我们为什么有这个信念，但没有解释为什么这个信念为真。这个信念之所以为真，是因为我们运气好。

索萨同意在葛梯尔情况中，史密斯有很好的观察和推理能力，并且是通过运用这种能力而相信得到工作的那个人的口袋里有 10 个硬币。换言之，史密斯之所以相信得到工作的那个人的口袋里有 10 个硬币，的确是因为运用了他的理智能力。但他的这个信念之所以为真，则不是因为运用了他的理智能力，而是因为运气好。好比一个射击技能极好的射手，在他射出箭之后，先有一阵西风吹偏了箭的轨道，再有一阵东风又将箭吹回了之前的轨道，从而使得箭射中了靶心。射手的确运用了他的技能，但他之所以射中靶心，不是因为他的技能，而是因为运气好。

值得一提的是，索萨（1999）在早期认为，除了运用理智德性外，知识还需要一个条件：安全性。一个真信念 p 是“安全的”，是说它不是“碰巧为真，很容易为假的”那种信念。具体言之，S 的信念 p 是安全的 ↔ 在 S 继续通过方法 M 相信 p 的所有邻近可能世界中，p 为真。索萨（1999）认为，如果 S 的信念 p 不是安全的，那么 S 不知道 p。葛梯尔那个例子不是不满足“运用理智德性”那个条件，而是不满足安全性这个条件。在史密斯继续（通过原来的方式）相信“得到工作的那个人的口袋里有 10 个硬币”这个命题的一些邻近可能世界时，这个命题为假——史密斯虽然得到了工作，但口袋里并没有 10 个硬币。[1] 但索萨（2007）放弃了这个看法，认为安全性不是知识的必要条件。[2]

（二）充足信息论

另一个采取 TB + X 这一框架的哲学家是理查德·弗利（Richard Foley，2012，2017）。他认为，知识不一定需要证据，不一定需要可靠的过程，不一定需要理智德性。知识只需要更多的信息。具体言之，S 知道 p，当且仅当 S 相信 p，并且 S 有足够多的相关信息。

弗利认为，S 有足够多的相关信息 =S 不缺乏重要的相关信息。S 有信息 q=S 相信真命题 q。因此，S 知道 p，当且仅当 S 相信 p，并且 S 不缺乏重要的相关真信念。什么是重要的相关真信念？弗利认为这个问题依赖于具体的语境，没有一般的标准。在日常对话中，如果我们觉得对方不知道某一件事，就会为对方提供一些新信息。这暗示了我们认为对方之所以不知道，是因为对方缺乏一些信息。这在某种程度上支持了充足信息论。

弗利的充足信息论显然可以处理葛梯尔举的那两个例子。在葛梯尔的第一个例子中，史密斯之所以不知道得到工作的那个人的口袋里有 10 个硬币，是因为他缺乏一些重要的信息，比如他不相信他自己才是那个得到工作的人。在葛梯尔的第二个例子中，史密斯之所以不知道"琼斯拥有一辆福特汽车，或者布朗在巴塞罗那"，也是因为他缺乏一些重要的信息，比如他不相信琼斯并不拥有一辆福特汽车。

---

1 邓肯·普里查德（Duncan Pritchard，2010）采取了这一思路。他主张，S 知道 p ↔（i）S 是因为在一定程度上运用自己的理智德性（理智能力）而相信真命题 p，并且（ii）S 的真信念 p 是安全的。

2 参考赵海丞《安全性原则：一个非批判的综述》。

八、如何评判一个知识理论

上一节介绍了四个不同的知识理论。每个理论都似乎能处理葛梯尔举的那两个例子，听起来都似乎有点道理。哪一个理论最好？还是它们都一样好？评判一个知识论的标准是什么？许多哲学家在这个问题上达成了共识。他们认为一个好的知识论除了自身融贯之外，还必须满足以下三个条件。

首先，它必须能处理葛梯尔举的两个例子以及其他类似的例子，解释为什么在这些例子中，主体缺乏知识。许多哲学家提出了另一些反驳传统知识定义的著名例子。除了前面提到的“田中之羊”的例子外，还有：

假粮仓县：有个县官为了应付中央巡视组的检查，命令工匠搭起许多房子。从外面看起来，这些房子跟真粮仓一样，但其实是粗制滥造的，经不起风吹雨打，其中也没有任何粮食。县官建了许多这样的假粮仓，与仅有的一个真粮仓混在一起，以误导中央巡视组，让巡视组相信他治理的县年年粮食丰收。张三是巡视组成员之一。他碰巧路过那个真粮仓（编号 009），便相信 009 的确是个真粮仓。如果他路过的是一个假粮仓，他也会相信那是个真粮仓，因为假粮仓与真粮仓的外形一模一样，他分不清。我们的直觉是，他不知道 009 是个真粮仓，但他是基于好的理由相信 009 是个真粮仓。[1]

---

1 戈德曼（1976：772）将假粮仓的背景设置在美国，并认为这个例子的原创者是卡尔·吉内（Carl Ginet）。

彩票：有一种彩票，每个中奖的人都可以获得1 000万元的奖励，但中奖的概率是千万分之一（基数有1 000万张，只有一张会中奖）。你知道中奖的概率，但抱着碰碰运气的态度，买了一张彩票。几分钟后，你意识到一个原则：如果你知道p为假的概率是99.99%以上，那么你有好的理由相信p为假。于是你相信你的彩票不会中奖，尽管官方尚未宣布中奖的彩票号码。你的运气的确不够好——你买的彩票没有中奖。在这个例子中，你基于好的理由——前提为真的强归纳推理——相信你的彩票不会中奖。但我们的直觉是，你不知道你的彩票不会中奖。

有些人（Foley, 2017）认为这些例子都跟葛梯尔举的例子属于一类，因为它们都反驳了传统的定义。有些人（比如Goldman, 1976; Zagzebski, 1996）认为，“田中之羊”和“假粮仓县”与葛梯尔举的例子属于一类，可统称为葛梯尔情况，但“彩票”属于另一种情况。还有人认为只有“田中之羊”属于葛梯尔情况，“假粮仓县”是个不同的情况（参考John Turri, 2017）。如何分类才是适当的，取决于我们如何界定葛梯尔情况。扎格泽布斯基（1994）认为葛梯尔情况的本质特征是双运气结构：认知主体先有一个坏运气（获得了一个假信念），再有一个好运气（获得了真信念）。根据这一观点，我们似乎很难把“彩票”称为葛梯尔情况，因为“彩票”没有好运气在起作用。斯蒂芬·赫瑟林顿（2001: Ch. 3）把葛梯尔情况分成两类：有利（helpful）情况与危险（dangerous）情况。葛梯尔自己的两个例子与“田中之羊”都属于有利情况。“假粮仓县”则属于危险情况。“彩票”不属于这两种情况，因此不算葛梯尔情况。

无论“假粮仓县”与“彩票”属不属于葛梯尔情况，许多知识论学者都认为一个好的知识论需要处理这些例子，并解释在这些例子中为什么主体没有知识。

其次，一个好的知识论不能导致（局部）怀疑主义，必须能解释所有直觉上公认为知识的例子，比如日常生活中的知觉知识（perceptual knowledge）和证词知识（testimonial knowledge）。知觉知识是我们通过知觉获得的知识。比如，正常情况下，我看到一个人站在前面，就知道有一个人站在前面；我感觉到屋子是暖和的，就知道屋子是暖和的。知觉知识有两个特征：一是我们知道 p 常常不是基于有意识的推理——信念 p 是知觉经验直接导致的；二是我们知道 p 常常是被动的，不是因为想弄清楚 p。一个好的知识论应该能解释为什么我们（包括 5 岁左右的小孩子）可以通过知觉获得知识，而不是否定我们拥有知觉知识。

证词知识不是通过亲自实验、观察和分析获得的知识，而是通过别人的叙说获得的知识。我们的绝大多数知识都来自别人的叙说，比如通过父母的叙说，我们获知我们的出生日期、各种事物的名字、其他人与我们的关系，等等；通过老师和课本的叙说，我们获得了大量的科学知识和历史知识。以下是一个典型的证词知识例子：

你第一次来南京大学仙林校区，打车到学校的南门。你想去哲学系，但不知道怎么走。你看到一群游客在导游带领下正排队从校门进去，又看到一群人从校门出来，就去问走在最前面的那个人。那个人告诉你：一直向前，经过图书馆和文学院，就是哲学系。你不知道那人的身份（他其实是哲学系研二的学生），但你依旧相信了他说的话，很快找到了哲学系。在这个例子中，你知道哲学系是在图书馆和文学院后面。[1]

1　这个案例改编自拉基（Lackey，2009）。

一个好的知识论应该能解释为什么我们（包括5岁左右的小孩子）可以通过证词获得知识，而不是否定我们拥有证词知识。

最后，一个好的知识论必须有助于解释知识的内在认知价值。我们的直觉是：知道p本身是一种比仅仅相信真命题p（比如蒙对）更好的认知状态。对于一个行将就木之人，知道p也比仅仅蒙对p更好，即使知道p不会有助于他在将来获得任何东西。换言之，知识比单纯的真信念具有更大的内在认知价值。如果它们的内在认知价值一样，我们拥有单纯的真信念就好，何必在乎它是不是知识？何必追问知识是什么？因此，一个好的知识论必须有助于解释为什么知识比单纯的真信念有更大的内在认知价值。这个问题可以追溯到柏拉图的《美诺篇》，因此被称为“美诺问题”。许多哲学家认为，如果一个知识论蕴涵“在任何情况下，知识并不比单纯的真信念更有价值”，无法解决美诺问题，那么这个知识论是错误的（参考 Kvanvig，1998；Zagzebski，1996）。

值得注意的是，美诺问题似乎可以扩展。如果JTB不足以构成知识（葛梯尔的结论），那么知识本身似乎是比JTB更好的认知状态：前者比后者有更大的内在认知价值。如果知识与JTB的价值一样，我们拥有JTB就好，何必在乎它是不是知识？何必追问知识是什么？一个知识论最好能有助于解释为什么知识似乎比JTB更有价值。如果一个知识论蕴涵“在任何情况下，知识并不比JTB更有价值”，那么这个知识论是错误的（参考 Greco，2009）。

总之，许多哲学家认为，一个好的知识论必须能（i）处理葛梯尔举的两个例子以及其他相邻的例子（比如“假粮仓县”和“彩票”），解释在这些例子中，主体为什么没有知识；（ii）不导致（局部）怀疑主义，比如能解释证词知识和知觉知识；并且（iii）有助于解释知识的认知价值。在其他条件相同的情况下，如果有两个竞争性的理论 T1 和 T2，T1 比 T2 能够更好地处理这几个问题，那么 T1 是比 T2 更好的理论。

当然，不是所有的哲学家都认为一个好的知识论必须满足以上条件。但多数哲学家认为一个好的知识论不应该忽视以上三个条件涉及的问题。如果一个知识论不满足其中的任何一个条件，必须提供有力的理由。比如，如果不满足（i），必须提供有力的理由论证在葛梯尔举的两个例子或其他一些相邻例子中主体其实拥有知识，而不应该忽视这些例子。[1]

九、小结

综上所述，传统的知识定义是：知识是基于好的理由的真信念（justified true belief，JTB）。为了避免怀疑主义，许多哲学家认为好的理由不是确凿不移的终结性理由：即使我们有好的理由相信 p，p 也有可能为假。葛梯尔认为如果这样界定“好的理由”，那么基于好的理由的真信念不一定是知识。一些人认为葛梯尔的论证不能成立，他们给出了不同的理由，但我认为这些理由并不够有力。还有些人质疑葛梯尔论证的意义，但我认为这些质疑也不够有力。大多数哲学家认为葛梯尔对传统知识定义的反驳是成功的。不同哲学家提出了不同的新知识定义，比较著名的有“无削弱者”理

---

1 大卫·科拉索等（David Colaço et al.，2014）和约翰·图里（John Turri，2017）基于调查认为非哲学家一般倾向于认为在“假粮仓县”那个例子中，主体拥有知识，但倾向程度不是很高。此外，年龄小的人比年龄大的人更倾向于认为主体拥有知识。

论、过程可靠主义、德性知识论和充足信息论。许多哲学家认为一个好的知识定义必须满足三个条件:(i)处理葛梯尔举的两个例子以及其他相邻的例子(比如"假粮仓县"和"彩票"),解释在这些例子中,主体为什么没有知识;(ii)不导致(局部)怀疑主义,比如能解释证词知识和知觉知识;并且(iii)有助于解释知识的认知价值。

致 谢

感谢马旭雅、余美华、李雨文、王欢、徐召清、周理乾、赵海丞、叶茹、张小星、张若思、樊岸奇和一位匿名评审人提供了很有帮助的反馈。

参考文献

陈嘉明:《专名、摹状词与葛梯尔问题》,《世界哲学》2008 年第 6 期,第 12—18 页。

胡军:《关于知识定义的分析》,《华中科技大学学报(社会科学版)》2008 年第 4 期,第 13—23 页。

Armstrong, D. M.(1973). *Belief, Truth and Knowledge*. Cambridge University Press.

Audi, R.(1995). Deductive closure, defeasibility and scepticism: A reply to Feldman. *Philosophical Quarterly*, 45(181), 494–499.

Baehr, J.(2012). Credit theories and the value of knowledge. *Philosophical Quarterly*, 62(246), 1–22.

Ballantyne, N.(2019). *Knowing Our Limits*. Oxford University Press.

Borges, R., de Almeida, C., & Klein, P. D.(Eds.)(2017). *Explaining Knowledge: New Essays on the Gettier Problem*. Oxford University

Press.

Chisholm, R. M. (1979). Critical review: Castañeda's thinking and doing. *Noûs*, 13 (3), 385–396.

Chisholm, R. M. (1989). *Theory of Knowledge*. Prentice-Hall.

Colaço, D., Buckwalter, W., Stich, S., & Machery, E. (2014). Epistemic intuitions in fake-barn thought experiments. *Episteme*, 11 (2), 199–212.

Conee, E. & Feldman, R. (2004). *Evidentialism: Essays in Epistemology*. Oxford University Press.

Craig, E. (1990). *Knowledge and the State of Nature: An Essay in Conceptual Synthesis*. Oxford University Press.

Dretske, F. I. (1970). Epistemic operators. *Journal of Philosophy*, 67 (24), 1007–1023.

Dutant, J. (2015). The legend of the justified true belief analysis. *Philosophical Perspectives*, 29 (1), 95–145.

Feldman, R. (1974). An alleged defect in Gettier counter-examples. *Australasian Journal of Philosophy*, 52 (1), 68–69.

Feldman, R. (2008). Justification is internal. In Steup, M. & Sosa, E. (Eds.), *Contemporary Debates in Epistemology*. Blackwell.

Fine, G. J. (1979). Knowledge and logos in the theaetetus. *Philosophical Review*, 88 (3), 366–397.

Foley, R. (2012). *When is True Belief Knowledge*? Princeton University Press.

Foley, R. (2017). The value of knowledge and the Gettier game. In Borges, R., de Almeida, C., & Klein, P. D. (Eds.), *Explaining Knowledge: New Essays on the Gettier Problem*. Oxford University Press.

Gettier, E. L. (1963). Is justified true belief knowledge? *Analysis*, 23 (6), 121–123.

Goldman, A. (1976). Discrimination and perceptual knowledge. *Journal of Philosophy*, 73 (November), 771–791.

Goldman, A. (1979). What is justified belief? In Pappas, G. (Ed.), *Justification and Knowledge*. D. Reidel.

Goldman, A. (2009). Williamson on knowledge and evidence. In Greenough, P., Pritchard, D., & Williamson T. (Eds.), *Williamson on Knowledge*. Oxford University Press.

Goldman, A. & Olsson, E. J. (2009). Reliabilism and the value of knowledge. In Haddock, A., Millar, A., & Pritchard, D. (Eds.), *Epistemic Value*. Oxford University Press.

Greco, J. (2003). Knowledge as credit for true belief. In DePaul, M. & Zagzebski, L. T. (Eds.), *Intellectual Virtue: Perspectives from Ethics and Epistemology*. Clarendon Press.

Greco, J. (2009). The value problem. In Haddock, A., Millar, A., & Pritchard, D. (Eds.), *Epistemic Value*. Oxford University Press.

Greco, J. (2010). *Achieving Knowledge: A Virtue-Theoretic Account of Epistemic Normativity*. Cambridge University Press.

Greco, J. (2012). A (different) virtue epistemology. *Philosophy and Phenomenological Research*, 85 (1), 1–26.

Greco, J. (2020). *The Transmission of Knowledge*. Cambridge University Press.

Harman, G. (1973). *Thought*. Princeton University Press.

Hetherington, S. (1998). Actually knowing. *Philosophical Quarterly*, 48, 453–469. Includes a version of the Knowing Luckily Proposal.

Hetherington, S. (2001). *Good Knowledge, Bad Knowledge: On Two Dogmas of Epistemology*. Oxford University Press.

Hetherington, S. (Ed.)(2019). *The Gettier Problem*. Cambridge University Press.

Kaplan, M. (1985). It's not what you know that counts. *Journal of Philosophy*, 82 (7), 350–363.

Kim, M. & Yuan, Y. (2015). No cross-cultural differences in the Gettier car case intuition: A replication study of Weinberg et al. 2001. *Episteme*, 12 (3), 355–361.

Kornblith, H. (2004). Does reliabilism make knowledge merely conditional? *Philosophical Issues*, 14 (1), 185–200.

Kvanvig, J. L. (1998). Why should inquiring minds want to know?: "Meno" problems and epistemological axiology. *The Monist*, 81 (3), 426–451.

Lackey, J. (2009). Knowledge and credit. *Philosophical Studies*, 142 (1), 27–42.

Le Morvan, P. (2017). Knowledge before Gettier. *British Journal for the History of Philosophy*, 25 (6), 1216–1238.

Lehrer, K. & Paxson, T. (1969). Knowledge: Undefeated justified true belief. *Journal of Philosophy*, 66 (8), 225–237.

Lewis, D. (1983). *Philosophical Papers, Volume I*. Oxford University

Press.
Lewis, D. (1996). Elusive knowledge. *Australasian Journal of Philosophy*, 74 (4), 549–567.
Machery, E. et al. (2015). Gettier across cultures. *Noûs*, 51 (3), 645–664.
Meyers, R. G. & Stern, K. (1973). Knowledge without paradox. *Journal of Philosophy*, 70 (6), 147–160.
Mizrahi, M. (2016). Why Gettier cases are misleading. *Logos and Episteme*, 7 (1), 31–44.
Musgrave, A. (2012). Getting over Gettier. In Maclaurin, J. (Ed.), *Rationis Defensor: Essays in Honour of Colin Cheyne*. Springer.
Newman, L. (2019). Descartes' epistemology. *The Stanford Encyclopedia of Philosophy*. https://plato.stanford.edu/archives/spr2019/entries/descartes-epistemology/.
Nozick, R. (1981). *Philosophical Explanations*. Harvard University Press.
Okasha, S. (1999). Epistemic justification and deductive closure. *Critica*, 31 (92), 37–51.
Plantinga, A. (1990). Justification in the 20th century. *Philosophy and Phenomenological Research*, 50 (Supplement), 45–71.
Plantinga, A. (1993). *Warrant and Proper Function*. Oxford University Press.
Pollock, J. L. (1986). *Contemporaries Theories of Knowledge*. Rowman & Littlefield.
Pritchard, D. (2010). Knowledge and understanding. In Pritchard, D., Millar, A., & Haddock, A., *The Nature and Value of Knowledge: Three Investigations*. Oxford University Press.
Seyedsayamdost, H. (2015). On normativity and epistemic intuitions: Failure of replication. *Episteme*, 12 (1), 95–116.
Shope, R. K. (1983). *The Analysis of Knowing: A Decade of Research*. Princeton University Press.
Soames, S. (2014). Analytic philosophy in America. In Soames, S., *Analytic Philosophy in America and Other Historical and Contemporary Essays*. Princeton University Press.
Sosa, E. (1991). *Knowledge in Perspective: Selected Essays in Epistemology*. Cambridge University Press.
Sosa, E. (1999). How to defeat opposition to Moore. *Philosophical*

Perspectives, 13, 137–149.

Sosa, E. (2007). *A Virtue Epistemology: Apt Belief and Reflective Knowledge*. Oxford University Press.

Sosa, E., Kim, J., Fantl, J., & McGrath, M. (Eds.)(2009). *Epistemology: An Anthology*. Blackwell.

Turri, J. (2011). Manifest failure: The Gettier problem solved. *Philosophers' Imprint*, 11 (8), 1–11.

Turri, J. (2017). Knowledge attributions in iterated fake barn cases. *Analysis*, 77 (1), 104–115.

Van Inwagen, P. (2006). *The Problem of Evil: The Gifford Lectures Delivered in the University of St. Andrews in 2003*. Oxford University Press.

Weinberg, J. M., Nichols, S., & Stich, S. (2001). Normativity and epistemic intuitions. *Philosophical Topics*, 29 (1–2), 429–460.

Williamson, T. (2000). *Knowledge and Its Limits*. Oxford University Press.

Zagzebski, L. T. (1994). The inescapability of Gettier problems. *Philosophical Quarterly*, 44 (174), 65–73.

Zagzebski, L. T. (1996). *Virtues of the Mind: An Inquiry into the Nature of Virtue and the Ethical Foundations of Knowledge*. Cambridge University Press.

Zagzebski, L. T. (2003). The search for the source of epistemic good. *Metaphilosophy*, 34 (1–2), 12–28.

Title: The Gettier Problem: A Critical Survey

Abstract: This paper examines some influential responses to Gettier's argument against the view that knowledge is justified true belief. Specifically, it addresses the following questions: (i) What are influential objections to Gettier's argument? (ii) For those endorsing Gettier's argument, which new theories of knowledge do they propose? And how do they explain why justified true belief is not knowledge? (iii) How should we evaluate such new theories of knowledge?

Keywords: Gettier; knowledge; epistemic luck; intuition

安全性原则：一个非批判的综述[1]

赵海丞[2]

摘　要：安全性原则是时下备受关注的知识理论。根据一种简单版本的安全性原则，如果认知主体S知道命题p，那么S的信念p就不会轻易为假。包括欧内斯特·索萨（Ernest Sosa）、蒂莫西·威廉姆森（Timothy Williamson）和邓肯·普里查德（Duncan Pritchard）在内的学者都认为安全性原则是知识的合理的必要条件，并从不同的角度捍卫了这一理论。同时，安全性原则在近年来发展出了纷繁复杂的不同版本。本文从“方法”“错误可能性的比例与远近”“相关信念的范围”等维度辨析了这些不同的版本，并阐述了文献中对安全性原则的反驳。

关键词：安全性原则；知识的定义；敏感性原则；认知运气

假设在一个阳光明媚的周日上午，你和好友去附近的野生动物园游玩。在观光车里，你开始观察周围的景致。不一会儿，你就看

1　收稿：2021年9月5日；修回：2021年11月12日；录用：2021年11月20日。

2　赵海丞，厦门大学人文学院哲学系副教授，主要研究知识论。电子邮箱：haicheng zhao90@gmail.com。

到不远处的树丛里蹦出一只黑白相间的、像马一样的动物，于是你相信自己看到了一匹斑马。实际上，那也确实是一匹斑马，不过那是这个野生动物园里唯一的斑马。为了应对疫情导致的财政困难，该动物园把许多骡子用黑白漆料涂成了和斑马一样的模样，并对所有游客（当然也包括你）隐瞒了这一事实。不过幸运的是你并没有看到这些外形酷似斑马的骡子，虽然你很容易就会看到它们。[1]

许多哲学家认为，在上述这类案例中，很难说你真的知道自己看到了一匹斑马。根据知识论的安全性原则，你之所以不知道，是因为虽然你相信的是一个事实，但是这一信念并不安全：这一信念很容易为假。更具体地，在稍有不同的情况下，你可能就会看到一匹长相酷似斑马的骡子，从而错误地相信“我看到了一匹斑马”。在这个意义上，你的信念是不安全的。

安全性原则可以简述如下：

安全性原则：如果认知主体 S 知道命题 p，那么 S 关于命题 p 的信念是安全的，即这一信念不会轻易为假。

许多学者倾向于用可能世界来刻画安全性原则。用可能世界的话语来说：

安全性原则（可能世界）：如果认知主体 S 知道命题 p，那么 S 关于命题 p 的信念是安全的，即这一信念不仅仅在现实世界为真，而且在 S 相信 p 的相关的相邻可能世界这一信念也为真。

简单地说，安全性原则要求构成知识的信念必须具有模态层面的稳定性，即这一信念不能仅仅是碰巧地在现实世界为真，它必须稳定地在一类和现实世界足够相似的可能世界当中同样为真。（不

---

1 参见 Dretske（1970），类似的例子，参见戈德曼（Goldman，1976）的谷仓案例。

过，这仅仅是传统的、简单版本的安全性原则的要求。近年来，更加复杂的安全性原则版本被陆续提出。下文也将对这些新的安全性原则进行介绍。）

一、安全性原则的历史及其主要捍卫者

安全性原则提出之前的另一个受到广泛关注的模态知识理论是敏感性原则。后者的主要捍卫者是罗伯特·诺齐克（Robert Nozick，1981）。敏感性原则的大致想法如下：

敏感性原则：如果 S 知道命题 p，那么当命题 p 为假时，S 就不会相信 p（Dretske，1971）。

敏感性原则和安全性原则的主要区别在于，二者所要求关注的可能世界的范围不同。安全性原则所要求关注的可能世界是那些主体和现实世界中一样相信 p 的相邻可能世界，并考察在这些可能世界中，这一信念是否仍是真的。敏感性原则所要求关注的是命题 p 为假的最相邻的可能世界，并考察在这些可能世界里，主体是否还会相信 p。如果在这些可能世界中主体不会相信 p，那么其信念就是敏感的。例如，在上述"斑马"案例中，根据敏感性原则，我们需要关注你的信念为假的最相邻的可能世界，即你看到的并不是一匹斑马的最相邻的可能世界。可以想象，在很多这样的可能世界中，你会看到一匹外表酷似斑马的骡子。在这种情况下，你会被骡子的外表所迷惑，从而依旧相信你看到了一匹斑马。所以，你的信念并不敏感。

值得强调的是，虽然敏感性原则通常要求关注 p 为假的最相邻的可能世界，安全性原则通常不要求关注主体同样相信 p 的最

相邻的可能世界。这是因为和现实世界最相邻（或最相似）的可能世界无非是现实世界本身，因此如果我们需要关注主体同样相信 p 的最相邻的可能世界，那么需要关注的就只是现实世界了。[1] 这样一来，只要主体在现实世界中有一个真信念，那么这个信念就肯定是安全的。这显然并不是安全性原则的支持者们想要的结果（参见 DeRose，2004）。

可以说，作为在后盖梯尔时代提出的知识理论，不论是安全性原则还是敏感性原则，都可以对一些典型的盖梯尔案例给出准确的论断。假设老罗有很好的理由相信他家里的钟表是可靠的（他的一位非常靠谱的朋友送给了他这个表，且告诉他这个表很准）。今天，老罗看了一眼表，并相信现在是下午两点。现在确实是下午两点，不过老罗并不知道在 12 小时前，这个表因为电池耗尽停了（Russell，1948：170–171）。

在此例中，似乎很难说老罗真的知道现在是下午两点，即便他有一个关于现在是下午两点的被辩护的真信念。安全性原则和敏感性原则似乎都可以对此进行解释。首先，老罗的信念很容易为假——在很多相邻的可能世界中，他在稍微不同的时间看表，还是会相信现在是下午两点，不过这一信念是错误的。所以，他的信念并不安全。其次，在现在不是下午两点的最相邻（或相似）的可能

---

1 一个可能世界是否“相邻”，取决于这个可能世界和现实世界在相关方面的相似性程度。如果一个可能世界 W_1 和现实世界在相关方面的相似性程度比另一个可能世界 W_2 和现实世界在相关方面的相似性程度更高，那么 W_1 就是比 W_2 距离现实世界更邻近的可能世界。比如，我们是“缸中之脑”的可能世界和现实世界相比就包含了相对较多的变化，相似性程度相对较低。因此，安全性原则的支持者一般认为我们是“缸中之脑”的可能世界是相对遥远的可能世界（无论这种可能性是否在现实世界的某个语境中被凸显出来）。

世界中，老罗还是会通过看这块表而相信现在是下午两点。所以，他的信念也不敏感。这些结果都呼应了我们的直觉，即老罗并不知道现在是下午两点。

安全性原则在当代的发展和对敏感性原则的批判是密不可分的。[1] 前者最早由卢珀–福伊（Luper-Foy，1987a，1987b）提出。而他就是在一本关于诺齐克知识论的批评性论文集《知识的可能性：诺齐克及其批评》(*The Possibility of Knowledge*：*Nozick and His Critics*）中提出的。[2]

在卢珀–福伊之后，近 20 年来安全性原则的主要捍卫者有欧内斯特·索萨、蒂莫西·威廉姆森和邓肯·普里查德。他们都从不同的角度对安全性原则进行了辩护，并认为安全性原则总体上优于敏感性原则。

（一）索萨与安全性原则

在他的《如何击败摩尔的反对派》(“How to Defeat Opposition to Moore”，1999a）一文中，欧内斯特·索萨在对敏感性原则进行批评的基础上比较系统地捍卫了安全性原则。通常认为，敏感性原则无法与关于知识的闭合原则相兼容（Kripke，2011；Baumann，2012）。根据一种简单版本的闭合原则，如果 S 知道 p，而且也知道 p 蕴涵 q，那么 S 也知道 q。例如，我知道“我有手”，而且我也知道“我有手”蕴涵着“我不是没有手的缸中之脑”，那么似乎我也应当知道“我不是没有手的缸中之脑”。然而，敏感性原则似乎和这一原则并不兼容。根据这一原则，我是可以知道我有手的：

1　参见，例如 Greco（2012），Luper-Foy（1987a，1987b），Pritchard（2005，2007），Sosa（1999a，1999b，2000，2002），Williamson（2000）。

2　但是卢珀–福伊本人并未将这一理论称为“安全性原则”。

在我没有手的最相邻的可能世界里，我可能因为一些意外而失去了手，因此我就不会相信我有手。所以，“我有手”这样的信念满足敏感性原则要求。但是根据后者，我并不知道我不是“缸中之脑”。因为如果我是“缸中之脑”，那么我还是会拥有和现实世界之中一样的主观经验，并仍会相信我不是“缸中之脑”。因此，根据敏感性原则，即便我知道我有手，也知道“我有手”蕴涵着“我不是缸中之脑”，似乎我也并不知道我不是“缸中之脑”。[1]

许多哲学家都倾向于认为，和闭合原则不兼容是敏感性原则的一大劣势。而安全性原则似乎可以与闭合原则相兼容。[2] 由于安全性原则要求关注的是主体同样相信 p 的相邻可能世界，只要我们预设当下的现实世界是非怀疑论的、我们认为其所是的现实世界，那么怀疑论假设成立的可能世界就总会是和现实世界不相似的、遥远的可能世界，也就是和衡量一个信念的安全性不相关的可能世界。因此，根据安全性原则，我不仅知道我有手（因为这一信念确实不会轻易为假），而且我也知道我不是“缸中之脑”（因为怀疑论的世界太遥远了，以至于这一信念确实也不会轻易为假）。此外，这种关于怀疑论假设不成立的知识不依赖于语境。不论是在怀疑论假设凸显的语境中，还是在日常的语境中，只要怀疑论假设成立的可能世界确实是遥远的可能世界，那么关于怀疑论假设不成立的信念就都是安全的。据此，安全性原则不仅可以和闭合原则相兼容，而且也和语境主义式的反怀疑论策略拉开了距离，并为一种新摩尔主义

1　不过并不是所有版本的敏感性原则都会得出这一结论。参见 Black（2002）。

2　不过并不是所有学者都赞成这一点，参见 Alspector-Kelly（2011），Kvanvig（2004，2008），Murphy（2005，2006）。

的反怀疑论进路提供了辩护。[1]

此外，索萨认为安全性原则在解释归纳知识方面也具有敏感性原则所没有的优势。考虑如下案例：

传送带：碧梨住在一个高层公寓。该公寓的每个楼层都配有垃圾传送带。该传送带负责将每个楼层的垃圾运到地下室。碧梨在该公寓生活多年，积累了大量的归纳证据认为该传送带是运转良好的。今天，她把一个垃圾袋放到传送带上，并产生了该垃圾袋很快就会被运送到地下室的真信念（Sosa，1999a：145）。

在此例中，只要我们预设垃圾传送带是可靠且运转良好的，那么碧梨似乎就可以凭借她大量的归纳证据而知道垃圾袋很快会到达地下室。然而，根据敏感性原则，她似乎并不知道。在垃圾袋没有到达地下室的最相邻的可能世界，垃圾袋会被卡在传送带的某个地方。在这种情况下，碧梨似乎仍然会根据她的归纳证据而相信垃圾袋会到达地下室。因此，敏感性原则似乎难以兼容归纳知识。但是只要垃圾传送带本身是足够可靠且运转正常的，那么碧梨的信念就确实不会轻易为假，因此她的信念似乎是安全的。[2]

值得一提的是，虽然基于上述考量，索萨（1999a）认为安全性是知识的合理的必要条件，但是他对安全性原则的观点在近年来发生了一系列的变化。例如，索萨（2007）指出安全性与适切性（aptness）是可以分离的。[3] 知识要求后者，而不要求前者。而

---

1 参见 Luper-Foy（1987a，1987b），Pritchard（2005），Sosa（1999a，1999b，2000），黄俊维（2018），杨修志、曹剑波（2013），赵海丞（2021b）。

2 然而，敏感性原则无法兼容归纳知识这一点并不是没有争议的。更多相关讨论，参见 Wallbridge（2018）。

3 当一个信念适切（apt）时，这个信念是真的，也是由主体的认知德性（或能力）而产生的，而且它之所以为真，正是由于主体的认知德性。

在索萨（2015）的观点中，他似乎又接受了（某种版本的）安全性原则。[1]

（二）威廉姆森与安全性原则

作为“知识优先知识论”的倡导者，蒂莫西·威廉姆森认为知识是一种不可分析的、原初的心理状态（primitive mental state）。他所感兴趣的并不是为知识提供一种非循环的充分必要条件，但是这并不影响他支持安全性原则：

安全性原则（威廉姆森）：如果S知道p，那么S就不会在相似的情形下出错（Williamson，2000：147）。

那么，作为知识优先知识论的捍卫者，威廉姆森的安全性原则有何特点呢？首先，从上述安全性原则的定义可以看出，威廉姆森也把安全性作为知识的一个必要条件，不过他并不认为安全性作为知识的必要条件能避免循环定义。他认为安全性是知识的一种循环的必要条件，也就是说，对于一个具体案例中的信念是否安全的判断，依赖于我们对于该案例中有没有知识的直觉。更具体地，一种可能性要和现实世界多相似才算足够相似，以及我们在考察相关的可能性时需要着重考察和现实世界相似的哪些方面，都是依赖于我们对于一个案例中有没有知识的直觉的。如果我们认为一个案例中有知识，那么出错的那种可能性就可以被认为是不相似的，而如果我们的直觉是没有知识，那么出错的可能性就可以被认为是相似的。例如，在本文开篇的斑马案例中，我们的直觉判断是你并不真的知道自己看到了一匹斑马。从这样的判断出发，根据威廉姆森式的安全性原则，你的信念出错的可能世界（即你看到一匹外表是斑

1 更多关于索萨在安全性原则方面的立场的讨论，参见Greco（2016，2020a）。

马的骡子的可能世界）可以被认定为足够相似，进而我们可以得出你的信念并不安全的论断。当然，“相似性”历来被视为一个很模糊的概念，但是威廉姆森（2009a）认为，相似性的模糊性实际上也符合了“知识”的模糊性。由此，“相似性”的模糊性并不见得就是安全性原则的劣势。

正因为安全性原则（威廉姆森）是循环的条件，因此这一条件是否被满足无助于我们判断一个具体的案例里是否有知识。实际上，判断一个案例里有没有知识也不是威廉姆森提出安全性原则的初衷。他认为，安全性原则的优势在于它可以揭示知识的结构性特征。而这一点也使安全性原则在威廉姆森（2000）提出的一些著名的关于知识的论证中发挥了举足轻重的作用。例如，在他提出的反明晰性论证（anti-luminosity argument）中，安全性原则就充当了一个非常重要的论证前提（2000：ch.4）。同时，安全性在威廉姆森（2000：ch.5）关于 KK 原则是否成立的相关讨论中也扮演着重要的角色。

由此，威廉姆森（2009a）认为，他的安全性原则虽然不是一个非循环的知识条件，但是这也并不意味着这一理论是没有信息量的。在这方面，他还举了一个类比：“虽然一个人可以通过寻求‘科学’概念的非循环的充分必要条件来从事科学哲学研究，也可以通过寻求‘艺术’概念的非循环的充分必要条件来从事艺术哲学研究，但是那似乎都不是研究这些哲学分支的最有成效的方式。在这方面，知识哲学为什么会有任何区别呢？”（2009：306）

（三）普里查德与安全性原则

邓肯·普里查德在 21 世纪初发展了著名的“反运气知识论”。反运气知识论从“知识与运气不相容”这一被广泛接受的共识出发，在阐述并界定“运气”“认知运气”等概念以后，试图给出一种具体的反运气知识条件（例如 Pritchard，2005，2007）。

普里查德指出，并不是任何认知运气都是和知识不相容的（参见 Engel，1992）。与知识不相容的认知运气是“成真运气”（veritic epistemic luck）。一个真信念包含成真运气是指这一信念是因为运气才成真的。更具体地，普里查德（2007：280）给出了如下关于成真运气的模态定义：

成真运气：S 的真信念 p 是凭运气的，当且仅当在 S 相信 p，且相信 p 的初始条件和现实世界相同的大量的相邻可能世界中，S 的信念 p 是错的。

例如，在斑马案例中，虽然你在现实世界中获得了一个关于看到了斑马的真信念，但是在许多相邻的可能世界里，你会看到外貌酷似斑马的骡子，从而产生关于你看到了一匹斑马的错误信念。所以，你的信念包含与知识不相容的成真运气，你并不知道你看到了一匹斑马。

可以看出，普里查德对成真运气的定义是和安全性原则（至少简单版本的安全性原则）相辅相成的。当一个信念包含上述成真运气时，该信念就在很多相邻可能世界中为假，而这也就意味着该信念不安全。当一个信念不包含任何程度的成真运气时，就不存在该信念为假的相邻错误可能性，[1] 而这也就意味着该信念相对安全。由此，原则上，一个人只要接受普里查德关于成真运气的定义，并认可这样的成真运气确实是和知识不相容的，就应当接受安全性原则

1 或者更严谨地说，不存在主体相信 p 的初始条件相同但信念 p 为假的相邻错误可能性。

作为知识的必要条件。

值得一提的是，正如一般意义上的运气，成真运气也是有程度之别的。根据普里查德，成真运气的程度主要受“错误可能性的比例”和“错误可能性的远近”影响。在其他条件均同的情况下，如果一个真信念为假的相邻可能世界的比例很高，那么这个真信念就是相对更加幸运的，包含了更高程度的成真运气。这一点似乎符合我们的直觉。回到斑马案例。假设有两个场景：在场景 1 中，你看到了唯一的斑马，但是附近有 99 匹被涂成斑马的骡子会随时出没；在场景 2 中，你看到了一匹斑马，而动物园里斑马的数量远多于被涂成斑马的骡子的数量（99∶1）。显然，在场景 1 中，你的真信念包含着更高程度的运气。换言之，在更高比例的相邻可能世界中，你的信念是错的。

此外，普里查德认为，信念为假的相邻可能世界的远近也是影响成真运气程度的一个重要变量。在其他条件均同的情况下，信念为假的可能世界越近，一个真信念包含的成真运气的程度就越高。这一点似乎也符合直觉。再次回到斑马案例。考虑两个场景：场景 a 中，你看到动物园里唯一的斑马，而周围仅仅不到 10 米的树丛中，藏了数十匹被涂成斑马的骡子，但是你观察的时候这些骡子碰巧都没有出现；场景 b 中，你也看到动物园里唯一的斑马，但是周围没有被涂成斑马的骡子，这些聪明的骡子在几周前就趁着夜色组团逃离了野生动物园，现在已经跑到离你数百千米的一个无人知晓的山洞里躲起来了，所以你是不会轻易看见它们的。显然，相比于场景 b，在场景 a 中你产生错误信念的可能世界是更近的：情况稍有不同，你就会看到骡子并产生错误信念。而这也呼应了我们关于运气的直觉：相较于场景 b，场景 a 中你的信念似乎包含了更高程度的运气。

错误可能性的比例和远近既是影响成真运气的程度的重要因素，也是相应地区分不同版本的安全性原则的重要标准，下一节将进一步展开这方面的讨论。

最后，普里查德（2012）在近些年进一步发展了反运气知识论，并提出了“反运气德性知识论”。[1] 反运气德性知识论基于如下的观察：我们对“知识”这一概念有两大直觉，即反运气直觉和能力直觉。根据前者，知识与（成真）运气不相容；根据后者，知识应当是由主体的相关认知能力产生的。基于这两种直觉，反运气德性知识论对知识提出了两大要求，即安全性原则和“能力条件”。根据能力条件，S 知道命题 p，仅当信念 p 是由 S 的认知能力或德性产生的。普里查德认为，正如反运气直觉和能力直觉是相互独立的，能力条件和作为反运气条件的安全性原则也是相互独立的。这与约翰·格列柯（John Greco）所捍卫的“强健的德性知识论（robust virtue epistemology）”形成了鲜明的对比。根据后者，知识是由能力而产生的真信念。当一个真信念由主体的认知能力而产生时，这个信念就自然地满足了（一种特定版本的）安全性原则。因此，格列柯的强健的德性知识论蕴涵了安全性原则，后者并不是知识的独立的必要构成条件。而之所以安全性原则所扮演的角色在上述两种德性知识论中不同，主要是因为这两种德性知识论对知识所要求的“认知能力”持不同见解。在这方面，格列柯（2020b）进行了较为详尽的阐述（也参见 Kallestrup and Pritchard，2011）。

---

1 普里查德（2016）也提出了“反风险知识论”，并认为后者在一些方面优于反运气知识论。

二、不同版本的安全性原则

如前所述，安全性原则的核心想法是，构成知识的信念不会轻易为假。或者说，构成知识的信念不仅在现实世界为真，而且在一些相关的可能世界中也是为真的。但是究竟哪些可能性才算和评价安全性“相关”的可能性呢？在这方面，学者们近年来提出了许多不同版本的安全性原则。这些不同的版本从“方法”“错误可能性的比例与远近”“相关信念的范围”等不同的维度，对和评价信念的安全性相关的可能世界进行了划界。此外，也有一些学者利用其他的概念（如“正常”“概率”“解释”）去刻画安全性。下文将对这些不同版本的安全性原则进行简要介绍。

（一）方法

首先，大部分安全性原则的支持者都认为，和评价信念的安全性相关的可能世界是主体基于与现实世界中的方法（method）同样的方法而产生信念的可能世界。

安全性原则（可能世界 + 方法）：如果 S 知道命题 p，那么 S 关于命题 p 的信念是安全的，即这一信念不仅仅在现实世界为真，而且在 S 采用与现实世界中的方法同样的方法而相信 p 的相邻可能世界，这一信念也同样为真。

假设在现实世界中你是通过看的方法相信窗外有一匹斑马，并且你有一位好友也在欣赏窗外的景致。而且这位好友是个喋喋不休的话痨，非常乐意和他人分享自己的各种琐碎的发现。那么，我们可以想象在一些相邻的可能世界中，你可能不是通过自己看，而是通过你的好友告诉你而相信窗外有一匹斑马的。但是根据安全性原则（可能世界 + 方法），这样的可能世界与评价你在现实世界中产生的信念是否安全无关。因为在那些可能世界中，你是通过另一种方法（即证言）而产生信念的。

那么，为什么要关注方法一样的相邻可能世界呢？在这方面，经常被援引的一个案例是诺齐克（1981：179）的“外婆”案例：外孙去看望外婆。通过观察，外婆知道她的外孙是健康的。不过即便外孙生病了，家里人还是会告诉外婆他是健康的，以免让外婆担心。

在这个案例中，即便外孙很容易生病（从而外婆很容易会通过证言而产生错误信念），但是只要在现实世界中外婆是亲眼看到外孙健康的，那么她似乎就可以知道这一事实。然而，根据安全性原则（可能世界），她的信念是不安全的，因为她的信念确实在很多相邻可能世界为假（即那些她听信家人谎言的可能世界）。不过根据安全性原则（可能世界 + 方法），我们无须考虑那些外婆通过证言的方式而产生错误信念的相邻可能世界，因此可以得出外婆的信念安全的论断，从而呼应我们关于她知道的直觉。[1] [2]

---

1 其他关于为什么要把“同样的方法”纳入安全性原则的论证，参见 Pritchard（2005：Ch. 6），Sosa（1999a：149）。

2 有人可能会有如下疑问：如果一个可能世界中产生信念的方法都不一样，那么这个可能世界对于评价信念的安全性不就必定是不相邻的吗？换句话说，“方法”在评价可能世界远近时难道不应当被给予很高的权重，因此只要方法不一样的可能世界就一定是遥远的吗？但是这又引申出了另两个问题：第一，“方法”为什么要被给予很高的权重呢？在上述外婆案例中，即便方法不一样，但是只要外孙很容易生病，而且外婆的家人很容易就会骗她，那么外婆依据证言产生错误信念的可能世界不就在直觉上是很相邻的吗？第二，如果只要方法不一样就一定是不相邻的可能世界，那么也没有必要采纳安全性原则（可能世界 + 方法）了，因为在外婆案例中，外婆被骗的可能世界已经被认为是不相邻的可能世界了，因此即便根据安全性原则（可能世界），也可以得出外婆知道的结论。所以，比较合理的观点［或至少是支持安全性原则（可能世界 + 方法）的支持者们应当接受的观点］是方法不一样的可能世界也可能是对于评价信念的安全性相邻的可能世界。

然而，安全性原则（可能世界 + 方法）的困难在于它面临“归类问题（generality problem）”。任何一个案例中的信念形成方法都可以根据不同的标准描述为不同的方法类型。而问题就在于安全性原则的支持者们需要以一种系统的、有原则的、外延上合理的方式指出哪个类型的方法才是和判断信念的安全性相关的。比如，针对“我看到一匹斑马”这样的信念，我们既可以非常笼统地（coarse-grained）把方法描述为（i）“看”（或“视觉”），也可以把方法更加精细地（fine-grained）描述为（ii）“针对那匹具体的斑马的视觉经验”，等等。而根据这些方法的类型的不同，一个信念是否安全的结论也可能是不同的。比如，如果我们把方法描述为（ii），那么即便附近有许多外观和斑马一样的骡子，你关于看到一匹斑马的信念仍是安全的。

对方法描述的笼统或精细程度是区分不同的方法类型的一个标准，另一个标准则是从“内在主义”“外在主义”“德性论”的维度去区分不同的方法类型。包括诺齐克（1981）、贝克尔（Becker，2012）在内的学者都倾向于从内在主义的角度去描述方法（Goldman，1976）。根据这种描述，构成方法的要素主要包括主体意识范围内的知觉经验、记忆等。这些要素之外的一些外在的要素并不决定两个方法是否同属一个类型。换言之，如果针对两个方法，主体自己无法分辨二者之间有任何区别（即在主体的经验范围内二者是一样的），那么这两个方法就不能从属于不同的方法类型。然而，根据外在主义的标准，一些完全不在主体意识范围内的要素（如未被主体所察觉到的环境要素、产生信念的原因、主体产生信念时的大脑活动等）也可以构成方法的一部分。[1] 而一些德性

1 这方面可参见 Black（2002），Broncano-Berrocal（2014），Grundmann（2020），Hirvelä（2019），Pritchard（2005: 152），Schulz（2021），Williamson（2009a）。

知识论者（如 Greco，2016）则倾向于对“方法”给出一种德性论式的解读（Sosa，1999a，1999b）。根据后者，安全的信念是基于主体的认知能力（以及适合发挥这些能力的条件）的信念。根据这一主张，当我们去考察一个信念是否安全的时候，需要关注那些主体凭借和现实世界中的认知能力同样的认知能力并在和现实世界中的恰当条件类似的恰当条件下产生信念的相邻可能世界。

值得一提的是，上述“归类问题”是关于如何描述方法的问题，另一个问题则是“产生安全的信念的方法本身是否应当满足某种规范性要求”的问题。例如，正如下文（第二节第三点）将要介绍的，近年来有些学者认为安全的信念必须由一种可靠的方法产生，即这样的方法本身不会轻易地产生错误信念（这里的错误信念并不局限于和现实世界中同样的信念）。这样的安全性原则显然就是对“方法”本身施加了一种规范性要求。实际上，上述格列柯的基于德性论的安全性原则可以理解为对这两个问题同时进行了回答。一方面，我们可以从认知能力的角度去描述一个信念的方法类型；另一方面，我们也可以要求一个安全的信念必须是基于主体的认知能力的（即没有相关认知能力就没有安全的信念）。由此，认知能力既是对方法的描述方式，也是对产生安全的信念的方法的规范性要求。[1] [2]

1　在相关文献中，术语的使用是不统一的，有些学者倾向于使用“方法”一词，有些则倾向于用“产生信念的基础（basis）”。虽然也有学者指出这些不同术语之间有一定的区别（Wallbridge，2018：note 2；Williamson，2009a；Blome-Tillmann，2020）。但是究竟使用哪一个术语似乎并不重要。重要的是对上述术语的理解。假设有两位哲学家 A 和 B，A 使用“方法”一词，而 B 则使用“基础”一词，但是两个词的意思是一样的（比如，都采纳了一种外在主义式的解读），那么用哪个词来定义安全性就不重要。

2　除上述引用文献以外，更多关于“方法”（或“基础”）的讨论，参见 Alfano（2009），Becker（2007），Bogardus and Marxen（2014），Goldman（2009），Luper-Foy（1984），Zhao，H.（2020）。

（二）错误可能性的比例与远近

上一节提到，普里查德的“成真运气”的程度受到错误可能性的比例与远近的影响。同时，这两者也是区分不同版本安全性原则的标准。首先，根据比例，可以区分如下两种不同的安全性原则（这两种也纳入了上述“方法”要求）：

安全性原则（弱）：如果 S 知道命题 p，那么 S 关于命题 p 的信念必须是安全的，即该信念不仅在现实世界为真，而且在大部分 S 用和现实世界中的方法同样的方法而相信 p 的相邻（或相似）可能世界也同样为真。

安全性原则（强）：如果 S 知道命题 p，那么 S 关于命题 p 的信念必须是安全的，即该信念不仅在现实世界为真，而且在所有 S 用和现实世界中的方法同样的方法而相信 p 相邻（或相似）可能世界也同样为真。

相较于安全性原则（弱），安全性原则（强）要求在所有 S 相信 p 的相邻的可能世界中（且这些可能世界中 S 使用的方法相同）[1] 都不存在信念 p 为假的可能性。在这个意义上，后者显然比前者提出了更强的要求。而根据格列柯（2007），安全性原则的支持者在强、弱两种安全性原则的取舍上，会面临两难困境。

首先，弱安全性原则似乎没有办法解释在彩票案例中何以没有知识。假设小彩买了一注中奖概率很低的彩票。目前，彩票结果并未揭晓，但是悲观的小彩意识到中奖的概率很低；据此，她相信自己不会中奖。在这个案例中，大部分学者认为小彩不知道自己不

1 下文中的“相邻可能世界”也是指“产生信念 p 的方法相同的相邻可能世界”。

会中奖。[1]但是弱安全性原则似乎很难解释这一点：鉴于中奖的概率确实很低，小彩的信念确实在大部分相邻可能世界为真。所以，考虑到彩票案例，似乎安全性原则（强）是更合理的。根据后者，“我不会中奖”的信念并不安全，因为即便中奖概率很低，还是有可能中奖的。换言之，至少在极少数相邻可能世界中，小彩可以中奖。由此，她的信念并不在所有的相邻可能世界为真。根据安全性原则（强），她的信念并不安全，这也呼应了彩票案例中没有知识的直觉。

然而，安全性原则（强）的问题在于它无法恰当地兼容归纳知识。在上文提到的垃圾传送带案例中，即便在极少数相邻可能世界中，垃圾袋因为传送带的小故障而没有到达地下室，这似乎也并不影响碧梨在现实世界中拥有关于“垃圾袋会到地下室”的知识。或者更保守地说，至少比起彩票案例，我们似乎会更倾向于认为垃圾传送带案例里是有知识的，即便这个案例里也有出错的相邻可能性。但是根据安全性原则（强），在此案例中主体的信念并不安全。考虑到此类归纳知识案例，安全性原则（强）似乎“太强”了。

鉴于上述两难困境，普里查德（2007：292；2015：102）提出了一种更加复杂的安全性原则：

安全性原则（普里查德）：如果S知道命题p，那么S关于命题p的信念必须是安全的，即该信念不仅在现实世界为真，而且在大多数主体用和现实世界中的方法同样的方法相信p的相邻可能世界，以及所有主体用和现实世界中的方法同样的方法相信p的非常近的可能世界，该信念也是真的。

1　不过一些学者（如Baumann，2016；Sosa，2015）对此持有异议。

显然，这一原则不仅考虑了错误可能性的比例，也兼顾了错误可能性的远近。这一原则的核心洞见是，知识对于错误可能性的容忍程度是有梯度的。错误可能性越近（即越和现实世界相似），就越不能被知识所容忍。更具体地，对于那些非常相邻的错误可能性，知识是零容忍的，但是错误可能性越远，这种容忍程度就越高。而对于那些非常遥远的错误可能性（如怀疑论假设成立的错误可能性），知识是完全可以包容在那些可能世界中的错误信念的。

普里查德（2007）认为，安全性原则（普里查德）可以摆脱上述两难困境。在彩票案例中，中奖的可能世界（即“我不会中奖”的信念为假的可能世界）是非常近的。具体来说，只要在彩票结果揭晓时，彩球的掉落方式稍有不同，你所选的号码就可能是中奖号码。因此，此案例中的信念并不满足安全性原则（普里查德）。但是在垃圾传送带案例中，普里查德（2007）认为，一方面，在主体知道她的垃圾袋会到达地下室的限度内，传送带应当是较为可靠的。既然如此，那么垃圾袋被卡住的可能世界就并不是很近的。因为作为一个可靠的传送带，似乎需要有许多的变化才会使得一个垃圾袋被卡住。而在这种情况下，主体的信念根据安全性原则（普里查德）也是安全的。另一方面，如果垃圾袋被卡住的可能世界很近，即这样的可能性特别容易成立，那么我们似乎也没有理由认为主体拥有知识。而此时安全性原则（普里查德）也会得出关于主体的信念并不安全的正确论断（Pritchard，2012：254–255）。

然而，安全性原则（普里查德）的合理性近年来还是受到了一些质疑。例如，布朗卡诺–贝罗卡尔（Broncano-Berrocal，2019）就通过列举一些盖梯尔类型的彩票案例来指出安全性原则（普里查德）仍是在外延上不合理的。赵和鲍曼（Zhao & Baumann，2021）则指出错误可能性的远近并非区分彩票案例和垃圾传送带案例的核心特征，二者即便在错误可能性方面是同构的，也不见得会影响我们关于两个案例中有无知识的判断。[1]

（三）相关信念的范围

上述介绍的所有安全性原则版本都是关注同一个信念的。也就是说，在判断一个信念 p 是否安全时，根据上述的各种安全性原则版本，我们都是去考察这一个信念 p 是否在所有相关的相邻可能世界为真。在这个意义上，我们可以把上述所有安全性原则统称为安全性原则（单信念）。

安全性原则（单信念）很容易遭受关于“必然真理”的反驳。这是因为必然真理是在所有的可能世界为真。因此，只要一个人产生一个关于必然真理的信念，那么不论其是以什么样的方法来相信这一真理，这一信念都是安全的。但是当然并不是所有这类信念都可以构成知识。比如，如果我仅仅凭猜测而相信一个必然真理，我显然并不真的知道它。再比如，假设一个小孩用一个计算器来计算 15 乘以 16，他并不知道计算器已经坏掉了（计算器会任意地蹦出一个结果），但是碰巧在他使用时，计算器蹦出了正确的结果：240。于是他就相信 15 乘以 16 等于 240（Pritchard，2012：256）。在此例中，似乎也很难说小孩子真的知道。虽然他的信念在所有可能世界为真，因而根据安全性原则（单信念），其是安全的。

---

1 更多相关讨论参见 Dodd（2012），McEvoy（2009），Mills（2012），Priest（forthcoming），Pritchard（2008，2009），Zhao，H.（forthcoming），李麒麟（2016），赵海丞（2021a）。

值得一提的是，虽然上述反驳经常被称为“必然命题反驳”“必然性反驳”等，但是并不是只有必然命题才会对安全性原则（单信念）构成挑战。上述反驳的重点是，安全性原则（单信念）是可以由信念本身稳定的模态属性而被“琐碎地（trivially）”满足的，即便主体的信念因为这样那样的理由而无法构成知识。但是关于非必然命题的信念也可以琐碎地满足安全性原则（单信念），只要这一信念在所有的相邻可能世界为真。[1]不过我们暂且把这一反驳称为“必然性反驳”。

鉴于这一反驳，近年来不少安全性原则的支持者主张扩大相关信念的范围。例如，普里查德（2012）和布洛姆–蒂尔曼（Blome-Tillmann，2017）提出如下的安全性原则：

安全性原则（多信念）：如果S（通过方法M）知道命题p，那么S关于命题p的信念必须是安全的，即S不会（通过方法M）轻易地产生错误信念（Sainsbury，1997）。

根据安全性原则（多信念），为了判断S的信念p是否安全，我们需要关注的不再是单一的信念p是否会在相关的相邻可能世界为真，而是要把重点放在产生信念的方法上，考察这一方法本身会不会在相邻的可能世界中产生错误信念，而这些信念也并不局限于现实世界中产生的信念p。由此，安全性原则（多信念）实质上是要求方法本身具备一定的可靠性。而这样的要求似乎可以解决上述计算器反例问题。在该例中，虽然计算器碰巧蹦出了正确的结果，

---

1 比如，考虑“卡莱尔湖里有鲈鱼”这一命题。这一命题不是必然命题。但是如果卡莱尔湖里有鲈鱼是一个不容易为假的、在模态上具有一定稳定性的事实，那么关于这一命题的信念就是在所有相邻可能世界为真，因而也就满足了安全性原则（单信念）的要求。

但是在很多相邻可能世界中，它可能会蹦出一个不同的、错误的结果，致使小孩产生错误信念。因此根据安全性原则（多信念），小孩的信念并不安全。

值得注意的是，根据安全性原则（多信念），只要是由方法 M 在相邻的可能世界产生的信念，就都是和评价信念 p 的安全性相关的。但是也有学者对相关信念的范围做出了更加严格的规定。如威廉姆森（2009b）就认为相关的信念的对象必须是和 p 相似的命题。[1] 此外，希尔韦莱（Hirvelä，2019）则认为相关的信念是和 p 一样属于相同的探究（inquiry）活动的信念。不过不论这些学者怎样规定相关信念的范围，显然他们都放弃了安全性原则（单信念），而采纳了更加接近于上述安全性原则（多信念）的理论。[下文将用"安全性原则（多信念）"来泛指所有放弃安全性原则（单信念）、承认不同的信念与评价信念的安全性都相关的理论，不论这些理论对"相关信念"做何规定。]

那么，采纳安全性原则（多信念）真的就能彻底地解决必然性反驳吗？似乎并不能。因为可以设想，至少在有些情况下，即便主体产生信念的方法 M 不会轻易在相邻可能世界中产生错误信念，主体仍然并不知道 p。换言之，M 在相邻的可能世界中不产生错误信念对于知识并不是充分的。（实际上，也没有安全性原则的支持者对这种充分性提供过任何论证。）而只要这是不充分的，那么即使采纳安全性原则（多信念），这一理论似乎还是会遭到类似的反

---

1 贝多、帕韦塞（Beddor & Pavese，2020）、拉索宁-阿尔尼奥（Lasonen-Aarnio，2010）、曼利（Manley，2007）、索萨（2015: 123）等人也提出了类似的主张。

驳。[1]就此，梅尔基奥（Melchior，2021）提出了一个有趣的反例。[2]这个反例大致如下：

狂热的勒内：勒内从属于一个教派，这个教派成员都是费马（Fermat，法国数学家）的狂热信徒。这个教派有一本奉为绝对权威的书，里面记载了费马证明的所有数学定理以及费马的最后一个定理，即所谓“费马大定理”。实际上，在勒内生活的年代，费马大定理并没有被证明，但是勒内通过此书而相信了费马大定理。事实上，包括这一定理在内的书中的所有命题都是必然真理。

在此例中，梅尔基奥认为勒内并没有获得关于费马大定理的知识。梅尔基奥的直觉似乎不难理解：连费马本人都没有证明这一定理成立，勒内又怎能知道呢？但是根据安全性原则（多信念），勒内的信念是安全的：勒内确实不会通过查阅那本书而轻易地获得任何错误信念。

“狂热的勒内”试图表明，一种方法可能确实不会轻易地让主体产生任何错误信念，从而主体的信念根据安全性原则（多信念）是安全的，但是这也不能保证主体就肯定知道。由此，必然性反驳似乎仍然没被解决。基于此，梅尔基奥指出，安全性原则的支持者需要求助于形而上学的“不可能世界”语义学来解决必然性反驳。

值得一提的是，必然性反驳是对安全性原则对知识的充分性构成了挑战：即便一个真信念满足该原则的要求，也可能构不成知

1　大部分安全性原则的支持者并不认为安全性是知识的充分条件，而只是必要条件。即便如此，必然性反驳还是揭示出了安全性原则在解释关于必然命题的信念（以及模态上具有一定稳定性的非必然命题的信念）方面是有缺陷的。因此，包括普里查德、布洛姆-蒂尔曼在内的安全性原则的支持者们仍然试图解决这一反驳，以拓展安全性原则的解释力。

2　其他反例参见 Paterson（2022）。

识。然而，对安全性原则（多信念）的诘难还不止于它的非充分性，它是否对知识必要都是受到质疑的。

具体来说，可以考察如下的视觉案例。基于某种视觉经验，我们通常可以产生许多不同的信念。这些信念的对象有些可能是看似非常简单的命题，有些则可能相对更加复杂。那么，即便我们对于相对复杂的命题的信念是错的，似乎也并不影响我们对相对简单的命题的信念是知识。[1] 例如，即便一个小孩子并不知道鲸鱼不是鱼，而是哺乳动物，但是当她看到海里的一条大鲸鱼时，她也可以知道“那是一只大动物”（或“那里有一个大东西”等）。她可以拥有这样的知识，即便基于同样的视觉的方法，她很容易产生一个错误信念（即“那里有条大鱼”）。由此，安全性原则（多信念）似乎对知识并不必要。有趣的是，安全性原则（单信念）则不会遭受这一反驳：因为小孩子关于“那是一只大动物”的这一信念本身确实不会轻易为假。[2]

总的来看，如果上述论证成立，安全性原则（多信念）既无法解决这一理论的支持者们试图解决的，即安全性原则（单信念）面临的“必然性反驳”，又在对知识的必要性方面遭受后者可以避免的额外质疑。这都表明安全性原则（多信念）是否比安全性原则（单信念）更合理，是有待商榷的。[3]

（四）用其他概念刻画安全性

除上述安全性原则版本外，近年来不少学者试图用其他的概

---

1 参见 Zhao, H.（2021）。伯内克（Bernecker，2020）也论证了这一点。

2 威廉姆森可能认为“那里有条大鱼”和“那里有只大动物”二者并不相似。当然，这就又引发了关于如何系统地判定命题相似性的问题。

3 更多关于安全性原则（多信念）的讨论，参见 Hirvelä（2019），Paterson（2022），Roland & Cogburn（2011），Zhao, B.（2021a，2021b）。

念来刻画安全性。这方面，相对受欢迎的是一种利用“正常性（normality）”这一概念来定义安全的信念。其大意如下：

安全性原则（正常性）：如果 S 知道命题 p，那么 S 关于信念 p 的信念必须是安全的，即信念 p 不仅仅在现实世界为真，而且在条件至少和现实世界一样正常的可能世界中，该信念也是真的（Beddor & Pavese，2020；Dutant，2010；Smith，2016）。

根据安全性原则（正常性），与判断一个信念的安全性相关的不再是相邻（或相似）的可能世界，而是产生信念的条件至少和现实世界一样正常的可能世界。那些和现实世界相比更加“反常”的可能世界则被排除在外。在这方面，不同的学者对“正常”的理解是不同的，而对“正常”的理解不同也导致和判定信念的安全性相关的可能世界的范围不同。其中影响较大的是马丁·史密斯（Martin Smith，2016）对正常性的解读。史密斯认为，正常性是由“是否需要被解释”而决定的。一个事件 E1 比另一个事件 E2 更反常，那么就意味着 E1 比起 E2 更需要被解释。根据这种对正常性的解读，如果一个可能世界中产生信念的条件包含了需要被额外解释的反常因素，那么这个可能世界就是和判定信念的安全性无关的，反之则是相关的。例如，在彩票案例中，小彩相信自己不会中奖，不过当然也存在她会中奖的可能世界。而且我们知道，只要彩票是公平的，那么她中奖这一事件似乎也并不比她不中奖的事件更加反常。换言之，对于她中奖这一事件，并不需要更多额外的解释。由此，她中奖的可能世界也是和评价信念的安全性相关的可能世界（相关讨论可参见 Zhao & Baumann，2021）。

除安全性原则（正常性）以外，其他安全性原则还包括：布朗卡诺-贝罗卡尔（2018，2019）提出的基于“恰当条件（appropriate conditions）”的安全性原则，皮特和皮特科夫斯基（Peet & Pitcovski，2018）提出的基于“信念的解释”（而非基于产生信念的方法）的安全性原则，徐（Xu，2022）提出的基于概率论的安全性原则，以及科林（Collin，2018）、怀廷（Whiting，2020）提出的基于“认知可能性”（而非“形而上学可能性”）的安全性原则等。这些不同版本安全性的合理性还有待进一步探讨。

三、安全性原则面临的挑战

上一节已经涉及了安全性原则面临的一些重要挑战：在方法类型刻画方面所产生的“归类问题”，在应对彩票案例和解释归纳知识方面面临的两难困境，以及“必然性反驳”。

除这些困难外，还有一种反驳认为安全性原则所依赖的方法论是成问题的。具体而言，包括鲍曼（2008）、徐（2022）在内的学者认为并没有一种非特设（non ad hoc）[1]地、有原则地判定可能世界的远近的方式。不论是要关注可能世界的哪些方面来评价信念的安全性，还是一个可能世界究竟要和现实世界有多大程度的相似性才能被判定为一个足够相似的可能世界，这些问题似乎都有着难以避免的模糊性。上文提到，威廉姆森（2009a）认为，这种相似性方面的模糊性吻合了知识的模糊性。不过反对者（如 Baumann，2008；Xu，2022）则认为相似性的模糊性恰恰是安全性原则面临的困难。[2]

1　这里的“特设”大意是指安全性原则的支持者仅仅为了给案例提供准确的论断，采取一种特定的判定可能世界远近的方式，而没有提供一种关于可能世界远近应当如何被判定的独立的、系统的说明。

2　更多关于安全性原则文献中有关相似性的讨论，参见 Rabinowitz（2018）。

此外，一种比较主流的反对安全性原则的策略是通过反例来论证安全性原则对于知识是不必要的。根据这类反驳，不安全的信念也可以构成知识。这方面的反例包括内塔和罗哈博（Neta & Rohrbaugh，2004）的“毒药水”案例，胡安·科梅萨纳（Juan Comesaña，2005）的“万圣节派对”案例，彼得·鲍曼（Peter Baumann，2008）的“银行抢劫犯”案例，克里斯托夫·凯尔普（Christoph Kelp，2009）的“恶魔钟表”案例，以及托马斯·博加德（Tomas Bogardus，2014）的“原子钟表”案例等。值得一提的是，和前一节介绍的反驳安全性原则（多信念）的“鲸鱼”案例不同，上述大部分反例针对的是一般意义上的安全性原则。换言之，如果这些反例成功，那么它们可以对不同版本的安全性原则构成挑战。

然而，这些反例是否成功还有待商榷。对上述大部分反例，贝多、帕韦塞（2020）、布朗卡诺-贝罗卡尔（2014，2018）、格伦德曼（Grundmann，2020）、普里查德（2009；2015；2018：note 17）等学者都提供了回应，并为安全性原则进行了辩护。

当然，安全性原则作为一个理论的解释力，也需要从多方面进行评价。除了它是否是知识的合理的必要条件之外，近年来也有学者关注安全性原则能否在所有情形下兼容知识的闭合原则，[1] 能否解释知识的价值，[2] 能否解决盖梯尔问题，[3] 以及能否妥善地回应怀

1　阿尔斯贝克特-凯利（Alspector-Kelly，2011）、克万维格（Kvanvig，2004，2008）、墨菲（Murphy，2005，2006）认为安全性原则并不能在所有情形下与闭合原则相容，不过舒尔茨（Schulz，2021）对此进行了回应。

2　加德纳（Gardiner，2017）对这一问题进行了讨论，并认为安全性原则不能解释知识的价值。

3　相关讨论可参见 Miracchi（2015），Pritchard（2015，2017），Stone（2013），Vogel（2017），Williams & Sinhababu（2015），赵海丞（2021b）。

疑论，[1] 等等。随着这些问题被进一步深入地讨论，安全性原则的理论合理性也将得到更加恰当的评价。

致 谢

本文初稿得到了胡星铭、赖长生、刘晓飞和一位匿名审稿人的有益建议，在此表示感谢。

参考文献

黄俊维:《新摩尔主义的困境——基于梦境怀疑论的分析》,《哲学动态》2018 年第 12 期，第 101—108 页。

李麒麟:《普理查德对彩票难题的处理及其局限》,《自然辩证法通讯》2016 年第 5 期，第 10—19 页。

杨修志、曹剑波:《日常语言分析下的新常识哲学——论新摩尔主义》,《自然辩证法研究》2013 年第 1 期，第 14—18 页。

赵海丞:《知识论安全性原则面临的困境及其解决方案》,《自然辩证法通讯》2021 年第 5 期，第 45—50 页。

赵海丞:《安全性原则与盖梯尔问题》,《自然辩证法研究》2021 年第 9 期，第 3—8 页。

Alfano, M. (2009). Sensitivity theory and the individuation of belief-formation methods. *Erkenntnis*, 70 (2), 271–281.

Alspector-Kelly, M. (2011). Why safety doesn't save closure. *Synthese*, 183 (2), 127–142.

Baumann, P. (2008). Is knowledge safe? *American Philosophical Quarterly*, 45, 19–30.

Baumann, P. (2012). Nozick's defense of closure. In Becker, K. & Black,

1 相关讨论可参见 DeRose (2004, 2017), Pritchard (2005), Sosa (1999a, 1999b, 2000, 2002)。

T. (Eds.), *The Sensitivity Principle in Epistemology*. Cambridge University Press.

Baumann, P. (2016). *Epistemic Contextualism: A Defense*. Oxford University Press.

Becker, K. (2007). *Epistemology Modalized*. Routledge.

Becker, K. (2012). Methods and how to individuate them. In Becker, K. & Black, T. (Eds.), *The Sensitivity Principle in Epistemology*. Cambridge University Press.

Beddor, B. & Pavese, C. (2020). Modal virtue epistemology. *Philosophy and Phenomenological Research*, 101 (1), 61–79.

Bernecker, S. (2020). Against global method safety. *Synthese*, 197 (12), 5101–5116.

Black, T. (2002). A Moorean response to brain-in-a-vat scepticism. *Australasian Journal of Philosophy*, 80 (2), 148–163.

Blome-Tillmann, M. (2017). Sensitivity actually. *Philosophy and Phenomenological Research*, 94 (3), 606–625.

Blome-Tillmann, M. (2020). Non-reductive safety. *Belgrade Philosophical Annual*, 33, 25–38.

Bogardus, T. (2014). Knowledge under threat. *Philosophy and Phenomenological Research*, 86 (1), 289–313.

Bogardus, T. & Marxen, C. (2014). Yes, safety is in danger. *Philosophia*, 42 (2), 321–334.

Broncano-Berrocal, F. (2014). Is safety in danger? *Philosophia*, 42 (1), 1–19.

Broncano-Berrocal, F. (2018). Knowledge and tracking revisited. *Analysis*, 78 (3), 396–405.

Broncano-Berrocal, F. (2019). Knowledge, safety, and Gettierized lottery cases: Why mere statistical evidence is not a source of knowledge. *Philosophical Issues*, 29 (1), 37–52.

Collin, J. (2018). Towards an account of epistemic luck for necessary truths. *Acta Analytica*, 33 (4), 483–504.

Comesaña, J. (2005). Unsafe knowledge. *Synthese*, 146, 395–404.

DeRose, K. (2004). Sosa, safety, sensitivity, and skeptical hypotheses. In Greco, J. (Ed.), *Ernest Sosa: And His Critics*. Blackwell.

DeRose, K. (2017). *The Appearance of Ignorance: Knowledge, Skepticism, and Context, Volume 2*. Oxford University Press.

Dodd, D. (2012). Safety, skepticism, and lotteries. *Erkenntnis*, 77 (1), 95–120.

Dretske, F. (1970). Epistemic operators. *Journal of Philosophy*, 67 (24), 1007–1023.

Dretske, F. (1971). Conclusive reasons. *Australasian Journal of Philosophy*, 49 (1), 1–22.

Dutant, J. (2010). Two notions of safety. *Swiss Philosophical Preprints*, 87, 1–19.

Engel, M. (1992). Is epistemic luck compatible with knowledge? *Southern Journal of Philosophy*, 30 (2), 59–75.

Gardiner, G. (2017). Safety's swamp: Against the value of modal stability. *American Philosophical Quarterly*, 54 (2), 119–129.

Goldman, A. (1976). Discrimination and perceptual knowledge. *Journal of Philosophy*, 73 (11), 771–791.

Goldman, A. (2009). Williamson on knowledge and evidence. In Greenough, P., Pritchard, D., & Williamson, T. (Eds.), *Williamson on Knowledge*. Oxford University Press.

Greco, J. (2007). Worries about Pritchard's safety. *Synthese*, 158, 299–302.

Greco, J. (2010). *Achieving Knowledge: A Virtue-Theoretic Account of Epistemic Normativity*. Cambridge University Press.

Greco, J. (2012). Better safe than sensitive. In Becker, K. & Black, T. (Eds.), *The Sensitivity Principle in Epistemology*. Cambridge University Press.

Greco, J. (2016). Knowledge, virtue and safety. In Fernández, M. Á. (Ed.), *Performance Epistemology*. Oxford University Press.

Greco, J. (2020a). Safety in Sosa. *Synthese*, 197 (12), 5147–5157.

Greco, J. (2020b). Knowledge-producing abilities. In Kelp, C. & Greco, J. (Eds.), *Virtue Theoretic Epistemology: New Methods and Approaches*. Cambridge University Press.

Grundmann, T. (2020). Saving safety from counterexamples. *Synthese*, 197 (12), 5161–5185.

Hirvelä, J. (2019). Global safety: How to deal with necessary truths. *Synthese*, 196 (3), 1167–1186.

Kallestrup, J. & Pritchard, D. (2011). Virtue epistemology and epistemic twin earth. *European Journal of Philosophy*, 22 (3), 335–357.

Kelp, C. (2009). Knowledge and safety. *Journal of Philosophical Research*, 34, 21–31.

Kripke, S. (2011). Nozick on knowledge. In *Philosophical Troubles*:

Collected Papers, *Volume 1*. Oxford University Press.

Kvanvig, J. (2004). Nozickian epistemology and the value of knowledge. *Philosophical Issues*, 14 (1), 201–218.

Kvanvig, J. (2008). Epistemic luck by Duncan Pritchard. *Philosophy and Phenomenological Research*, 77, 272–281.

Lasonen-Aarnio, M. (2010). Unreasonable knowledge. *Philosophical Perspectives*, 24 (1), 1–21.

Luper-Foy, S. (1984). The epistemic predicament: Knowledge, Nozickian tracking, and scepticism. *Australasian Journal of Philosophy*, 62 (1), 26–49.

Luper-Foy, S. (1987a). Introduction. In Luper-Foy, S. (Ed.), *The Possibility of Knowledge: Nozick and His Critics*. Roman & Littlefield.

Luper-Foy, S. (1987b). The possibility of skepticism. In Luper-Foy, S. (Ed.), *The Possibility of Knowledge: Nozick and His Critics*. Roman & Littlefield.

Manley, D. (2007). Safety, content, apriority, self-knowledge. *Journal of Philosophy*, 104 (8), 403–423.

McEvoy, M. (2009). The lottery puzzle and Pritchard's safety analysis of knowledge. *Journal of Philosophical Research*, 34, 7–20.

Melchior, G. (2021). Sensitivity, safety, and impossible worlds. *Philosophical Studies*, 178 (3), 713–729.

Mills, E. (2012). Lotteries, quasi-lotteries, and scepticism. *Australasian Journal of Philosophy*, 90 (2), 335–352.

Miracchi, L. (2015). Competence to know. *Philosophical Studies*, 172 (1), 29–56.

Murphy, P. (2005). Closure failures for safety. *Philosophia*, 33, 331–334.

Murphy P. (2006). A strategy for assessing closure. *Erkenntnis*, 65, 365–683.

Neta, R. & Rohrbaugh, G. (2004). Luminosity and the safety of knowledge. *Pacific Philosophical Quarterly*, 85 (4), 396–406.

Nozick, R. (1981). *Philosophical Explanations*. Harvard University Press.

Paterson, N. (2022). Safety and necessity.*Erkenntnis*, 87 (3), 1081–1097.

Peet, A. & Pitcovski, E. (2018). Normal knowledge: Toward an explanation-based theory of knowledge. *Journal of Philosophy*, 115 (3), 141–157.

Priest, M. (forthcoming). Lotteries, possible worlds, and probability. *Erkenntnis*, 1–22.

Pritchard, D. (2005). *Epistemic Luck*. Oxford University Press.

Pritchard, D. (2007). Anti-luck epistemology. *Synthese*, 158, 277–297.

Pritchard, D. (2008). Knowledge, luck and lotteries. In Hendricks, V. (Ed.), *New Waves in Epistemology*. Palgrave-Macmillan.

Pritchard, D. (2009). Safety-based epistemology: Whither now? *Journal of Philosophical Research*, 34, 33–45.

Pritchard, D. (2012). Anti-luck virtue epistemology. *Journal of Philosophy*, 109 (3), 247–279.

Pritchard, D. (2015). Anti-luck epistemology and the Gettier problem. *Philosophical Studies*, 172 (1), 93–111.

Pritchard, D. (2016). Epistemic risk. *Journal of Philosophy*, 113 (11), 550–571.

Pritchard, D. (2017). Knowledge, luck, and virtue: Resolving the Gettier problem. In Borges, R., de Almeida, C., & Klein, P. D. (Eds.), *Explaining Knowledge: New Essays on the Gettier Problem*. Oxford University Press.

Pritchard, D. (2018). Anti-luck virtue epistemology and epistemic defeat. *Synthese*, 195 (7), 3065–3077.

Rabinowitz, D. (2018). The safety condition for knowledge. *Internet Encyclopedia of Philosophy*. https://iep.utm.edu/safety-c/#SH5b.

Roland, J. & Cogburn, J. (2011). Anti-luck epistemologies and necessary truths. *Philosophia*, 39 (3), 547- 561.

Russell, B. (1948). *Human Knowledge: Its Scope and Its Limits*. Allen & Unwin.

Sainsbury, R. M. (1997). Easy possibilities. *Philosophy and Phenomenological Research*, 57 (4), 907–919.

Schulz, M. (2021). Finding closure for safety. *Episteme*, 18 (4), 711–725.

Smith, M. (2016). *Between Probability and Certainty: What Justifies Belief*. Oxford University Press.

Sosa, E. (1999a). How to defeat opposition to Moore. In Tomberlin, J. (Ed.), *Philosophical Perspectives 13: Epistemology*. Blackwell.

Sosa, E. (1999b). How must knowledge be modally related to what is known? *Philosophical Topics*, 26 (1–2), 373–384.

Sosa, E. (2000). Skepticism and contextualism. *Philosophical Issues*, 34, 1–18.

Sosa, E. (2002). Tracking, competence, and knowledge. In Moser, P. (Ed.), *The Oxford Handbook of Epistemology*. Oxford University Press.

Sosa, E. (2007). *A Virtue Epistemology: Apt Belief and Reflective Knowledge, Volume I*. Oxford University Press.

Sosa, E. (2015). *Judgment and Agency*. Oxford University Press.

Stone, J. (2013). "Unlucky" Gettier cases. *Pacific Philosophical Quarterly*, 94 (3), 421–430.

Vogel, J. (2017). Accident, evidence, and knowledge. In Borges, R., de Almeida, C., & Klein, P. D. (Eds.), *Explaining Knowledge: New Essays on the Gettier Problem*. Oxford University Press.

Wallbridge, K. (2018). Sensitivity, induction, and miracles. *Australasian Journal of Philosophy*, 96 (1), 118–126.

Whiting, D. (2020). Knowledge, justification, and (a sort of) safe belief. *Synthese*, 197 (8), 3593–3609.

Williams, J. & Sinhababu, N. (2015). The backward clock, truth-tracking, and safety. *Journal of Philosophy*, 112 (1), 46–55.

Williamson, T. (2000). *Knowledge and Its Limits*. Oxford University Press.

Williamson, T. (2009a). Reply to Goldman. In Pritchard, D. & Greenough, P. (Eds.), *Williamson on Knowledge*. Oxford University Press.

Williamson, T. (2009b). Reply to John Hawthorne and Maria Lasonen-Aarnio. In Pritchard, D. & Greenough, P. (Eds.), *Williamson on Knowledge*. Oxford University Press.

Xu, Y. (2022). A probabilistic approach to epistemic safety from the perspective of ascribers. *Episteme*, 19 (1), 31–46.

Zhao, B. (2021a). A dilemma for globalized safety. *Acta Analytica*, 37 (2), 249–261.

Zhao, B. (2021b). Knowledge from falsehood, ignorance of necessary truths, and safety. *Philosophia*, 50 (2), 833–854.

Zhao, H. (2020). Knowledge without safety. *Synthese*, 197 (8), 3261–3278.

Zhao, H. (2021). Better virtuous than safe. *Synthese*, 198 (8),

6969–6991.
Zhao, H. (forthcoming). How to play the lottery safely? *Episteme*, 1–16.
Zhao, H. & Baumann, P. (2021). Inductive knowledge and lotteries: Could one explain both "safely"? *Ratio*, 34 (2), 118–126.

Title: The Safety Principle: A Non-Critical Survey

Abstract: The safety principle has received much attention in recent epistemology. According to a simple version of this principle, if S knows that p, then S's belief that p could not easily have been false. Epistemologists including Duncan Pritchard, Ernest Sosa, and Timothy Williamson concur that safety is a plausible necessary condition of knowledge and have defended it from different angles. Also, various versions of safety have been proposed in recent years. This article differentiates these different versions in terms of "method", "proportion and closeness of error-possibilities", "scope of beliefs" etc. Objections against safety are also illustrated.

Keywords: the safety principle; definition of knowledge; the sensitivity principle; epistemic luck

书　评

评刘晓飞（晓非）《归责与规范》[1]

陈　聚[2]

一个恶贯满盈之徒是否真的“罪有应得”？道德责任所要求的那种自由是否与决定论相容？任何一人若处于恶徒的境地，经历同样的生长轨迹，继承相同的人格特性，是否会做出与他一样的选择？继而，应该出于什么理由，把多大的道德责任归咎于他？过去几十年，自由意志领域的论争主要围绕上述问题展开，形成了意志自由论、强不相容论、半相容论等阵营，[3]然而又都陷入不同程度的僵局。《归责与规范》一书，正是致力于解决这些问题。书中导论部分给出三种归责的主流解释：

第一种是属权责任概念：道德主体和行为之间存在某种控制力条件，使得这个行为在道德主体的掌控之内，属于道德主体本人。满足了这一控制力条件的道德主体，对其行为负责。谈论控制力条件，绕不开决定论的冲击——坚持自由意志存在的意志自由论者，

1　收稿：2021年9月2日；录用：2021年9月15日。

2　陈聚，中国人民大学哲学院博士生，主要研究伦理学。电子邮箱：juchen1128@hotmail.com。

3　Fischer, J., Kane, R., Pereboom, D., & Vargas, M. (2007). *Four Views on Free Will*. Blackwell.

难以说明一个行为是出于行动者的理性而非武断性或随机性的产物；坚持决定论为真的强不相容，难以安放行动者的道德责任；坚持决定论和自由意志相容的相容论者，难以澄清行动者的自主性和控制力。

第二种是实用责任概念：归责活动无关属权问题及决定论的真相，行为和道德主体本就绑为一体。是否对道德主体惩罚或奖励，只取决于归责活动本身能否带来良好的社会效益。

第三种是规范责任概念：赞扬或责备等归责活动其实是一种道德情感表达，是对某一行为体现出的意图或态度做出回应。归责某一个体，就是将其视为道德共同体的一员，一个可被回应的对象，能够以诸如怨愤、感激、愧疚等"回应性态度"来对待。整个过程不涉及任何形而上学论题，只取决于人际交往的内含规范。斯特劳森指出，回应性态度是基本的心理学事实，[1]单只因为抽象的决定论信念威胁就动摇其根基，将会严重折损人类生活。

作者指出，第二种责任概念看似回避了决定论的挑战，但无视行为和道德主体的关联，或将导致无辜的人为不属于自己的行为担责；第三种看似超越属权责任的格局，实则早已预设归责对象和行为的属权关系，因为态度的背后是行为，行为的背后是个体。如此看来，考察道德责任的要求，属权关系的问题无可避免。

因而本书第一至五章首先谈论属权问题的进路，以其陷入的僵局为突破口。

传统属权问题的核心聚焦于"多重可能性原则"。意志自由论

---

1 Kane，R.（Ed.）（2011）. *The Oxford Handbook of Free Will*（2nd edition）（p. 19）. Oxford University Press.

者认为，行动的控制力在于行动者选择时要有不止一个可能的选项向其敞开，这是最符合直觉中“自由”概念的表述，意味着单线行进、否定其他选项的决定论无法与自由相容。

1969 年法兰克福思想实验的提出却使问题重心发生剧烈转变。[1] 法兰克福设计出一个类决定论的情境：行动者有选择做 A 和不做 A 的两种可能，当他自愿选择做 A，实际行动就表现为做 A；当他自愿选择不做 A，会遭到外在的强力干涉（如被控制脑电、植入芯片等），使最终行动变成做 A。也就是说，无论行动者选择做 A 或不做 A，最后都会表现为做 A。除了做 A，没有其他多重可能的选项向行动者开放。尽管如此，我们仍在直觉上强烈感到行动者需要对前一种“做 A”负责。产生这种直觉的源头在于，前一种“做 A”的决定是行动者根据其个人偏好和相关理由自行得出，反映出其“自我性”。

因此属权问题的要害似乎更关乎“自我性条件”：“行动者自行决定做 A”已经足够说明为什么要对做 A 负责，不必再诉诸选择做出时是否伴有多重可能。相容论者认为，相较于多重可能性，自我性是粘连作用更强的控制力条件。

但是自我性又面临“操控难题”的刁难：如果一个外在于行动者的操控者，通过巧妙操控行动者的欲望、信念甚至理性能力，使一个行动完全产生自行动者自己的想法、意图和理性，行动者是否对其行动负责？如果行动者不对其负责，又是否要对自然因果导致的行为负责？——没有特定的理由认为自然因果和人为操控导

---

1 Frankfurt, H.（1969）. Alternate possibilities and moral responsibilities. *Journal of Philosophy*, 66, 829–839.

致的行为存在本质区别。无论相容论者给出多么精致的模型，如诉诸一阶欲望和二阶欲望的相符所构成的“真我”[1]，或对外在刺激和理由高度敏感的理性回应机制[2]，都无法廓清两种外在因果的差别。

本书第五章末尾，作者点明属权进路的局限：先拟定一个责任主体，设想他所具有的属性和能力，再从各种形而上学的直觉中寻找归责的条件。多重可能性设想责任主体总是拥有多个真实选项；自我性设想责任主体和其行动有一种神秘关联，使其行动在遵守因果律的同时有别于不参与自我构成的一般因果机制。作者指出，属权关系实际上是“直觉主义”道德理论的投射，事先拟定的责任主体，不过是哲学家认知惯性导向的直觉所指。然而归责是发生在具体情境中的实践活动，如规范责任理论所说，是态度对态度的人际交往，先有行为折射的态度，再有对态度负责的主体。所以不妨先讨论如何从行为识别出责任主体——一个意图从产生到最终成为行动，其背后的认知主体是否始终如一，若有多个认知主体，谁才是需要负责的那个？

本书第六章，作者把自我性问题转化为身份同一性问题，用功能主义作答：行为的责任主体就是实现行为过程中相关认知功能的对象。如此便能轻易指出自然因果和人工操控的区别：自然因果的主体行动所表达的意图和态度，就是其本人的意图和态度；人工操控却出现了两个认知主体，行为的意图表达的不是（或不仅是）行动者而更是操控者的意图和态度。反对者固然可以说行动者也参与

---

1 法兰克福等人的“相符论”。

2 费舍尔等人的“理性回应机制”。

了意图和态度的表达，但他并非完成这套表达的核心因素，掌控了行动者理性运算法则的操控者才是态度的主要发出者。

本书剩余部分继续功能主义的进路，融合规范责任概念和实用责任概念，提出道德责任是一种人际关系实践的功能。根据规范责任概念，对行为归责，就是找出可被回应性态度对待的对象，向其提供道德共同体的入场券。这个对象可以是智慧生物、人工智能，甚或任何当前难以设想的具有认知功能的对象。回应性态度有其生物学基础，因为预判意图是一项重要生存能力。早期人类不经意识的控制就能完成精密的认知任务，快速识别其他生物的动机，形成对他人意图的预判，并习惯性地将能够产生意图的对象区别于其他生物，以奖励或惩罚的态度促进彼此的互助行为，保证更多个体的生存。此外，作者借用实用责任概念以结果为导向的范式，认为发出态度、对某一行为做出归责，为的是从实际上影响其他成员和自己的交互关系，使社会的人际交往活动符合自身的期望，因此道德责任的承担者应当具备依照回应性态度的规范改变自身行为的能力。作者最终提出的“功能规范型归责理论”，为归责活动的合理展开限定了以下条件：

从具体行为追溯到的对象，需要具备两项功能：（1）认知功能——该对象是实现该行为相关认知功能的核心因素；（2）理性反思功能——该对象能理解回应性态度的内含规范，具有理性回应能力，能够依据规范改变既有的认知和行为。（2）所依照的回应性态度，若能成为正当依据，则须满足：该行为确与回应性态度在相关场景中要求的社会规范挂钩，被追责的个体必须有适当的机会了解这些规范。

全书行文流畅、抽丝剥茧，将西方学界沉积数十年的纷繁论证清晰呈现；观点新奇、大开大合，但未见背弃直觉的曲折论调，始终内含一股对现实议题的浓烈关切。作者并不认为道德问题涉及的信念纠葛只能从纯粹的理论思辨获得答案，观念冲突的化解不是依凭谁的逻辑构造更加精巧来决出胜者，而应在具体情境中允许更多现实因素流通进来。可以说，本书为打成死结的各方理论困境提供了更加贴合实际、可供延伸的新思路，具备深厚的学术价值。然而本书也不乏可商榷之处，笔者想提出以下几点。

第一，在操控难题上，作者提供的功能主义模型似乎未能显示出比自我性模型更强的解释力度。操控者的出现之所以会减轻道德主体的责任，是因为那是另一个拥有理性能力的道德主体，分散了道德责任的承担。外在操控的因果不同于自然因果，有其他主体意志的参与。“被操控者的自我性遭到操控者的自我性稀释”已足够回应质疑，不必陷入作者着墨颇重的困境。同时，若对功能主义模型稍加追问，也会致其暴露和自我性模型相同的硬伤，即一个行为背后实现核心运算法则的理性认知能力，仍旧可以说是拜天赋所赐、偶得而来，归根结底仍在行动者的掌控外。我们每个人难道不是自出生伊始，就被分配到一个特定的生长环境，取得特定的性格和基因，由此塑造出不同的价值取向和理性认知吗？作者对此的回应是，人存在的有限性是早被认清的事实，一味求索那种终极意义的控制力条件，无疑飘浮到了不切实际的形上真空。然而这一辩护也同样适用于要求对自然因果负责的自我性模型。两种模型都难以承接以不相容论为内核的终极逼问，共享相容论的先天短板。

第二，功能主义模型采用“存在两个认知主体”的回应进路，无法应对去操控者人格化的操控难题。例如，某人忽然遭受莫名的细菌感染，潜移默化中变得越来越以自我为尊，做出许多负面举动。来自实验哲学的结果表明，多数人面对这一案例，会认为行动者无须负责，其对道德责任的削弱程度，与人格化操控者的案例相当。[1] 然而按照功能主义模型，行为关联的认知主体只能追溯到不幸被细菌感染的受操控者，后者应该成为归责的对象。这一结论与实验结果所代表的常人直觉大相径庭。

第三，作者可能会陷入以上两点困境的原因在于，其一直执着于论证基本应得观（basic desert）是道德责任的必要条件。帕雷布姆（Pereboom）在其新书《不道德行为和道德情感》（*Wrongdoing and the Moral Emotions*）中指出，[2] 认定一个人负有道德责任可以有两层解读。第一层是回顾式的（backward-looking）。它预设了基本的应得观，相信一个人负有道德责任的前提是某个行为必然能够归因到他身上——换言之，是他所为——这就要求论证行动者对其行动有充分的因果控制力，界定行动者在行动时有几成属于自己的理性回应能力。第二层是前瞻式的（forward-looking）。它只要求对于某个行为，个体有能力动用理性认识到该行为及其依据的道德理由有问题，并做出有助于道德养成（moral formation）的改变——没人会否定操控难题中的个体具有这样基本的能力，这也正是本书作者的核心论点之一。帕雷布姆认为，通常我们做出道德判断，回顾式和前瞻式的归责思路都有参与，但这并不代表这两层含义不可以相互分离。采用前瞻式的归责判断，我们会认为操控难题

---

1 Björnsson, G. & Pereboom, D. (2016). Traditional and experimental approaches to free will and moral responsibility. In Buckwalter, W. & Sytsma, J. (Eds.), *The Blackwell Companion to Experimental Philosophy* (pp. 142–157). Blackwell Publishers.

2 Pereboom, D. (2021). *Wrongdoing and the Moral Emotions*. Oxford University Press.

中的个体需要负责，即使乍看上去这与多数人的直觉判断相悖，细拆来看并非如此：多数人判断操控难题中的个体没有责任，是从回顾的视角出发，认为这一个体不在“罪有应得”的意义上承担责任；但是，许多人包括作者本人，都不会否认操控难题中的个体在今后的道德实践中，具备改善既定认知、修复被破坏的人际关系等责任。简单来说，我们并不认为操控难题的行动者具有完全“认领”这个行动的责任，但我们的直觉也不会否认该行动者具有积极改善的责任——比起作者宣称操控难题中被人为操控的行动者完全不需要负责的判断，这似乎更符合我们直觉的复杂性。

第四，操控难题作为考验直觉、对相容论釜底抽薪的思想实验，或许不具备充分的有效性和合理性。每个道德理论依据一定的直觉产生，都存在其解释限度，超出常识运用范围的极端思想实验，是直觉雷达失灵的领域，很难说在这种情况下挤榨出的回应，能与直觉有多大关联，成为值得仰赖的证据。在帕雷布姆所设想的四个经典操控案例中，[1]操控者对行动者的操控逐步加强，从最初带有明显强迫意味的欲望操控，到最后有如造物主一般操控行动者于无形的先天设计。每一个案例到下一个案例的过渡，看似程度渐深，平缓推进，实则都在强行伸长直觉的触须。因此，一个道德理论若能在直觉所及的范围对各种议题给出符合直觉的回应，就不该被过多刁难。

第五，虽然作者指出回应性态度有一定的生物学根据，能够相对精准地判断意图，但由于回应性态度的核心之一在于愤怒情绪的

1　Pereboom, D.（2001）. *Living without Free Will*（pp. 112–115）. Cambridge University Press.

表达，其可能会受愤怒自带的不足干扰。例如，作者认为“功能规范型归责理论”的规范力在于它可以影响道德共同体成员的举动，促进更理想的人际交往。但是，愤怒的表达不一定会促使另一方做出改变或和解，倒是有可能招来羞辱、蔑视和抗拒，加倍削弱两方互相理解的可能。此外，近二十年来心理学的综合研究表明，愤怒更有可能使人们忽略削弱责任主体控制力条件的因素，让人们基于刻板印象而非理性推理展开归责判断。愤怒的主体更有可能无视相关证据，轻信对于其愤怒对象的指控。[1] 澄清愤怒的认知功能和情绪表达功能，或许是作者在今后的工作中需要完善之处。

第六，回应性态度依据的社会规范，其正当性未得说明。以女性主义哲学家凯特·曼勒（Kate Manne）对厌女情结的哲学分析为例。女性被男性认可为具有认知功能的人类同胞，是能够用回应性态度来对待的对象，这一点已毋庸置疑。然而每当女性闯入传统上一直由男性把持的领域，打破其陈旧的规矩，都可能会引起部分男性的怨愤。在此情境中，闯入的女性不再服从规范，向男性道歉或解释，而是试图质疑和辩护——她并不怀揣恶意；但在部分男性眼中，这位女性表达其友善意图的方式，恰恰应该是顺从地沉默，给予男性一定的道德权威。正是这份为男性所要求的善意和对于善意的要求，受到了性别观念的影响，源自一种内化了男性特权的不合理规范。正如曼勒所言：“特权会使得个人对自己的领地产生在认知上和道德上都不甚精确的感知。”[2] 在具体的道德实践中，道德

1 Pereboom, D.（2021）. *Wrongdoing and the Moral Emotions*（p. 42）. Oxford University Press.

2 Manne, K.（2018）. *Down Girl: The Logic of Misogyny*（pp. xvii-xviii）. Oxford University Press.

协商的两方不只是具有认知功能的纯粹理性人，他们还被镶嵌在了由各种社会规范所安排的道德角色里——有的人被要求承担更多的道德责任，被赋予更少的道德自由。对于未经辩护的社会规范，道德实践者应当反思并割弃，而不是一味奉为圭臬。遗憾的是，作者虽曾在书中道出这层质疑，却在后来的理论建构中忽略对它的完善思考。

第七，约定俗成的社会规范是各种场合中回应性态度的标准，但不同的社会文化对同一场合的规范有不同的规定，甚至更小单位的地区、家庭、个体，都对特定场合的适用规范有不同理解。按本书说法，有资格拿到回应性态度入场券的个体，都具备充分的理性能力去思考这些规范。然而，并非只要所有个体针对同一场合要求的规范进行反思，他们就能得出一致的结论，奉行相同的评判规则。作者并未说明，在这样的情况下，何者的理性更为优先，以及被何者反思过后鉴为合理的规范更能成为冲突中倚重的权威。

虽然留有以上问题的讨论空间，本书仍不失为汉语学界对归责问题最为全面深入而又富于创新的探索。全书内容丰富、逻辑缜密、分析深入，是汉语分析哲学的上乘之作。

评聂敏里主编的策勒《古希腊哲学史》中译本[1]

刘　玮[2]

2021年国内希腊哲学研究领域的一件大事，无疑是聂敏里主持翻译的爱德华·策勒的《古希腊哲学史》（人民出版社）出版。策勒这套书无疑是古希腊哲学研究史上的里程碑，如今通行的版本是德文第6版（Eduard Zeller. *Die Philosophie der Griechen in ihrer geschichtlichen Entwicklung*, *6. Aufl.* Leipzig：O. R. Reisland，1919–1923，策勒本人修订到第5版，之后他的学生和同事又修订了一版），三卷六册（与中文版并不完全对应），全书超过5 300页，旁征博引，不仅有大量希腊和拉丁原始文献的引用，从而方便了读者，还与当时几乎所有重要的研究文献展开了高水平的对话。[3]可想而知，翻译这套书所需要的语言能力、专业知识，

1　本文初稿于2021年10月在山东大学举行的“翻译与研究：中国学界的西方古典研究方法论问题”研讨会上报告过，感谢参会学者和几位朋友提出的修改意见和建议。

2　刘玮，中国人民大学哲学院教授、伦理学与道德建设研究中心研究员，主要研究古希腊哲学、西方伦理学。电子邮箱：rucliuwei@163.com。

3　我在这里无意评价策勒著作的贡献和不足，这方面的讨论可参见Gerard Hartung（Ed.）（2010）. *Eduard Zeller*：*Philosophie-und Wissenschaftsgeschichte im 19. Jahrhundert*. De Gruyter。

需要投入的时间和精力都是惊人的。如果能够高质量地完成，确实堪称功不可没的壮举！

《古希腊哲学史》中译本出版发布会的官方报道写道："该书由聂敏里教授担任主编的翻译团队，以十年的坚守、精益求精的学术态度，最终将这部巨著以六卷八册三百余万字的篇幅呈现出来，不仅实现了国内几代学者的夙愿，而且对于促进中西文明的互鉴、深化国内古希腊哲学的研究也将产生积极的影响与作用。"

这套中译本每一卷扉页里都印着汪子嵩先生2016年6月（距离他去世仅有一年半的时间）的题词："德国哲学史家策勒的《古希腊哲学史》是古希腊哲学学科的奠基之作，中国学者有责任将它完整地翻译过来！"颤抖歪斜的手书让人感动，可见汪先生对这一译本的殷切期待，也代表了中国学界对这一译本的期待。

但是大致读过这个译本之后，我的感觉是目前的这个中译本恐怕辜负了汪先生的期待，也辜负了中文读者的期待。下面，我会从翻译底本的选择、翻译的完整性、总序与各卷前言的内容以及翻译质量这几个方面来对这套丛书做一些评论，指出一些可以改进的方向，希望这套书在再版时能够有所改进，这也算是我为这项重要工作所尽的绵薄之力。

一、翻译底本的选择

首先让人有些失望的是，这套《古希腊哲学史》中译本的底本并非策勒的德文版，而是英译本，原因是主编和其中的多数译者不懂德文，而且即便有个别译者懂一些德文，也不足以承担从德文直接进行翻译的工作。

策勒这套书的英译本质量不算很高，更重要的是英译本的底本也并非德文第6版，而是第2版或者第3版（各卷情况有所不同），再将它们移译为中文，内容自然就会有更进一步的损失和偏差。而且即便是从英译本转译，本套著作中第五卷还没有使用最新的英文版。中译本依据的是O. J. 赖歇尔（O. J. Reichel）在1870年出版的英译本，这个英译本的底本是1865年出版的德文第2版，而1880年，同一个译者根据德文第三版出版了"最新修订版"，在前一版的基础上增加了大约30页的内容，并增加了索引，这些内容自然也都没有得到翻译。

二、翻译的完整性

汪子嵩先生所托是把策勒的这套书"完整地翻译过来"，但这套《古希腊哲学史》的中译本距离"完整"这个基本目标尚有较大差距，所以这套书最好被称为策勒《古希腊哲学史》的"删减版"。

第一，最令人惊讶的是，中译本缺少了德文版第三卷的第二分册900多页关于新怀疑论、新柏拉图主义的内容，而原因仅仅是英译本没有翻译这一分册。然而，这显然不应该成为不予翻译的理由，国内目前有为数众多精通德语的古希腊哲学人才，主编完全可以邀请相关学者完成翻译工作，这才算是满足了基本的"完整"要求。而且这一重大缺失，主编仅仅在"总序"（第4页）里一笔带过（"至于策勒《古希腊哲学史》第三卷第二分册有关新柏拉图主义的部分，英译本没有翻译"），甚至没有为此向中文读者致歉，也没有在这套书的封面或其他重要位置注明这一缺失，而且在各种宣传文案中均宣称是"全部出版"，难免给人名不副实之感。

第二，译者删掉了很多原作中的希腊文和拉丁文引文，而这是主编承诺要予以保留的："相关的证言和引用，以为正文的讨论提供相应的材料补充……（这类脚注）由于是给策勒的哲学史论述提供有机的支撑，有时候讨论就是针对这些材料中的具体观点展开的，所以，我们在翻译中也要将它完全地呈现。”（“总序”，第20页）但是仅仅检查第一卷第一分册的“总论”部分（共117页，聂敏里译），就已经看到了大量原文的缺失（缺失的内容和翻译出来的内容数量相当），我把这些缺失列在下面（所有页码均为中文页码，希腊文行数为英译本中的行数）：

表1　第一卷第一分册“总论”部分缺失的原文

缺失所在位置	说　　明
第47页接前页注释7	柏拉图《美诺》81B的10行希腊文引文； 品达《奥林匹克凯歌》II.68的7行希腊文引文
第47页注释4	希罗多德的16行希腊文引文
第48页注释1	恺撒《高卢战记》的3行拉丁文引文； 狄奥多罗的6行希腊文引文
第60页注释1	亚里士多德《形而上学》的5行希腊文引文
第71页注释1	狄奥多罗的3行希腊文引文； 马可洛比乌斯的2行拉丁文引文和2行希腊文引文
第73页注释1	《伊利亚特》的2行希腊文引文
第73页注释2	《奥德赛》的2行希腊文引文
第75页注释2	《奥德赛》的3行希腊文引文
第77页注释1	梭伦残篇14的2行希腊文引文
第82页注释3	塞奥格尼斯的9行希腊文引文

第三，主编决定删减策勒在脚注中引用的大量当时学者的讨论。主编对这些缺失的解释是：“由于它们在根本上起到的作用只是文献检索，这些文献中有一些确实如策勒所说是难以找到的，但是毕竟不是不能找到的，而且也只有专业性的读者在自己专业研究的细节处才会去重视这些材料，而恰恰对于专业读者来说，寻找这些材料本身并非难事或就是自己的本职工作。”（“总序”，第20页）但是这个解释

明显缺少说服力。一是策勒这套《古希腊哲学史》的一大特点，就是把当时的学术争论比较完整地展示在读者面前；去掉了这些对其他学者观点的引用，就难以展示策勒的这种特点，也让人难以了解策勒的论辩对象，从而不清楚策勒的具体贡献。二是策勒使用的很多材料对如今的学者来讲确实难以找到，远比他引用的希腊文和拉丁文原文更难找，所以更有理由翻译出来帮助读者了解当时的争论语境。三是策勒这套《古希腊哲学史》本来就不是面向一般读者的导论性著作，[1] 而是面向最专业的读者，也正是因为面向专业读者，他才会把那么多的一手和二手文献直接在注释中加以引用，从而方便专业读者。而主编却自行决定把策勒给读者行的“方便”变成巨大的“不方便”。

第四，这套书保持了脚注里面很多人名和文献名的外文缩写（有时候是希腊文，有时候是拉丁文，有时候是德文、法文、英文等），而不是全都翻译成中文。主编对此的解释是：“对于脚注中的文献名，策勒多是以缩写呈现，我们考虑到如果将它们通通翻译成中文，对于专业性读者来说反倒会造成他们由此去检索原始文献的困难，所以，我们认为，最明智的做法就是保持这些文献名的原文缩写不译。”（“总序”，第 21 页）这听起来似乎合情合理，但是这些理由其实大可商榷。首先，没有翻译出来的不仅限于文献名，还包括了很多人名，而且不仅限于缩写，即便是策勒完整写出的人名和作品名，也经常没有翻译。其次，文献是古希腊哲学研究的基石，很多缩写会让读者不知所云——除非是非常专业的读者（我相信很多缩写对于这套书的译者来讲都很陌生）。最后，稍微翻看一下这套书的脚注，我们就会发现，译者们完全没有遵循保留全部缩写不加翻译的基本原则。那些译者很熟悉的缩写（比如柏拉图和亚

1 对于非专业读者，策勒自己有缩写版的《希腊哲学史纲要》[*Grundriss der Geschichte der Griechischen Philosophie*, Leipzig: Reisland, 1883; 1898（5th edition），策勒去世后由威廉·奈斯尔（William Nestle）修订至第 13 版]。

里士多德的著作）基本上都会翻译过来，只要稍微陌生一点儿的人名和作品名就一律不加翻译。下面是第一卷第一分册的前几页中的几个注释（括号里的是笔者的补充）：

表 2 第一卷第一分册部分未加翻译注释

注释所在位置	说　　明
第 3 页	没有翻译的人名是 Thucydides（修昔底德）、Herodotus（希罗多德），没有翻译的作品名是荷马的 *Margites*（《马尔吉特斯》）；翻译出来的作品名是《尼各马可伦理学》(虽然策勒用的是缩写 *Eth. Nic.*）
第 4 页注释 1	没有翻译的作品名是色诺芬的作品 *Mem.*（《回忆苏格拉底》）、*Conv.*（《会饮》）、*Cyrop.*（《居鲁士的教育》）和伊索克拉底的作品 *Paneg.*（《泛希腊集会演说》），而翻译出来的作品名是柏拉图的一系列作品
第 5 页注释 2	没有翻译的人名是 Sozomenus（索佐梅努斯）和 Melito（梅里托），没有翻译的作品名是 *Hist. Eccles.*（《教会史》），还有没翻译的拉丁文引文
第 19 页	同为古代作者，希罗多德、柏拉图、毕达哥拉斯、欧多克索等人的名字都翻译成中文，而 Crantor（克朗托）、Oenopides（奥依诺皮德斯）的名字却保留了英文不予翻译
第 20 页	克莱门斯的 *Stromata*（《杂论》）没有翻译
第 29 页注释 1	古代作者 Megasthenes（麦加斯特尼）、Aristobulus（阿里斯托布罗斯）、Onesicritus（奥内西克里图斯）、Nearchus（内阿尔库斯）的名字都没有翻译
第 44 页注释 1	柏拉图的《蒂迈欧》标题翻译成中文，而普洛克洛斯的 *in Timaeus*（《蒂迈欧注疏》）却没有翻译

这几个简单的例子足以表明，译者是否翻译某个人名、作品名或者缩写，完全没有统一的标准（整套书都是如此），而是取决于译者是否熟悉这个人名、作品名或者缩写。更让人感到奇怪的是，每一卷最后所附的“缩写对照表”中，只有毫无用处的柏拉图和亚里士多德的作品缩写对照表。之所以说它们“毫无用处”，一方面

是因为这些作品读者最熟悉、最容易查找；另一方面是因为这些作品的缩写在注释里都翻译成了中文，根本不需要对照表。相反，对于读者来讲更有价值的其他古典作者的译名对照表，以及古典文本的缩写、全名和中译名对照表，却全然不见踪影。

三、总序与各卷前言的内容

就译著而言，其序言或前言的基本工作是介绍版本信息和翻译过程，更好的前言是介绍本卷的基本内容和写作特色，再好的前言还会介绍本卷的影响、学界对本卷的评价等更加具有学术价值的信息。但是通观现有的总序和六篇前言，它们的体例不一、内容较为随意，也缺少学术价值。

总序（聂敏里撰，第22页）在介绍策勒这套书的贡献时，仅仅指出：第一，其尽量还原了“历史的真实”的方法；第二，确定了古希腊哲学的基本分期；第三，不是仅仅关注大哲学家，而是讨论到了大大小小的学派。如果策勒的著作只有这几个价值，这套书似乎没有必要翻译成中文，因为前两个方面早已成为学界公论，第三个方面如今也早就有了专门的研究。比较好的总序应该介绍的是这套书有什么不可替代的价值（而不是古董价值），特别是一个半世纪之后，我们为什么还要阅读或者重读策勒的这套著作？

第一卷（从最早时期到苏格拉底的时代）前言（聂敏里撰，第5页）主要介绍策勒关于早期希腊哲学研究的贡献和翻译分工，对本卷内容和主要特点没有介绍，除了指出策勒对赫拉克利特处理存在不当之外，没有批判性的讨论。作者提到策勒对前苏格拉底哲学的三个主要贡献是：确立“前苏格拉底哲学”这个概念，确定前苏格拉底哲学的特点为“自然哲学”，把前苏格拉底哲学划分为三个阶段。和总序的情况相似，如果策勒仅仅做了这么三个贡献，主编如何说服读者去啃这厚达 1 200 页的第一卷呢？此外，将早期希腊哲学特点确定为“自然哲学”的显然不是策勒，而是一个至少可以追溯到亚里士多德的古老传统。

第二卷（苏格拉底与苏格拉底学派）前言（吕纯山撰，第 13 页）概括了本卷的基本内容、翻译体例、参考的中译文，指出了英译本的不足，没有对策勒做批判性的讨论。

第三卷（柏拉图与老学园派）前言（詹文杰撰，第 5 页）介绍了策勒本卷的德文版本信息、研究柏拉图的基本进路、柏拉图著作真伪与年代次序（这里涉及了策勒研究的特色），没有讨论本卷的基本内容和之后学者对策勒柏拉图研究的评论。

第四卷（亚里士多德与早期漫步学派）前言（曹青云撰，第 10 页）这是各篇前言中质量最高的一篇，介绍了策勒的亚里士多德研究的特色（分类方法、整体论、注释多、对亚里士多德学说的带有矛盾性的独特归纳和评价、对漫步学派的细致讨论），谈到了西方学界对策勒研究的一些批评；但缺少本卷的德文、英文版本信息。

第五卷（斯多亚学派、伊壁鸠鲁学派和怀疑主义学派）前言（余友辉撰，第 5 页）没有介绍本卷内容，讨论了策勒关于后亚里士多德哲学的贬低态度以及当代学者对策勒的批判，有一定的学术价值。但是作者对当代希腊化哲学学者的整体概括有失公允，他认为包括巴恩斯、安纳斯、纳斯鲍姆、英伍德在内的当代学者缺少整体视野，只关注局部研究，从而只能是间接批判策勒；还批评他们采取“拿来主义”的态度，只关注“从希腊化哲学家那里能够找到什么样的思想资源，以支持研究者自身的理论倾向或观点，而不那么关心这种资源在希腊化哲学理论体系之中的位置，或它实际上在这一体系中获得的理解或表达”（第 4 页）。

第六卷（古希腊哲学中的折中主义流派史）前言（石敏敏撰，第 2 页）这个过于简短的前言只介绍了策勒关于折中主义讨论的基本特点——并非没有原则，只是原则不够明确。作者并未关注学界对折中主义的严肃研究，反而望文生义地将“没有原则”当作学界共识，认为策勒可以帮助我们平衡这种观点。

四、翻译质量

上面提到的三个方面对于这套书来讲都是严肃的问题，但是作为译作，翻译的质量还是最重要的。主编在总序里写道：“由于认识到这部著作无论其自身的学术分量还是出版后可能产生的学术影响都是非常巨大的，因此，从一开始我们就按照‘术业有专攻、学术有成就’的原则来寻找合适的译者，以使汉译本能够经得起时间和学术的严格检验，成为国内希腊哲学研究的基本学术经典。”但是读过译文之后，我们很快就能意识到，这套书的译文距离“经得起时间和学术的严格检验”，以及成为“基本学术经典”，还有着一定距离。

因为卷帙浩繁，不可能一一列举，我的工作方式是在每位译者的译文中随便抽取某一章的第一页，然后从此页开始，对照作为翻译底本的英译本（个别地方核对了德文）往下读，看他们是否会在接下来的几页里达到 10 个错误的“指标”（这里的“错误”指明显的错漏或者严重到非常影响理解的表达问题，而前面提到的缩写、一般的表达不通顺等均不在此列）。[1] 这些“案例”虽然只是沧海一粟，但也足以作为全书的缩影，让读者对全书的翻译质量感到担忧了。

---

1 何博超仅翻译了第五卷注释中的非英文内容，余友辉是这一卷的主要译者。故略过第五卷，以余友辉译的第一卷上册第三章（见表 4）为例。

表 3　第一卷上册总论“论第一时期哲学的特征与发展”部分翻译问题（聂敏里译，第 120—126 页）

	现有译文（下画线表示存在翻译问题的内容）	英　文	正确译文（括号内是错误原因分析）
1	（第 120 页倒数第 2 行起） 科学倾向的这一分别因此便被带入到同伊奥尼亚部族和多里亚部族之间内在分别的联系之中……我们更进一步的时期划分是如何与这个观点联系在一起的，这已经被指出了	This difference of scientific tendency is then brought into connection with the intrinsic difference between the Ionic and Doric tribes…How the further division of our period is then connected with this point of view has been shown already	这样，科学倾向的差异就和伊奥尼亚部族与多里亚部族之间的内在差异联系在了一起……我们已经指出了对这个时期的进一步划分与这个观点之间的联系 （中文表达难以理解）
2	（第 120 页注释 1） 在其随后出现的 *Gesch. der Entwicklungen d. Griech. Phil.*（i. 40） 中，布兰迪斯放弃了这个观点……	In his *Gesch. der Entwicklungen d. Griech. Phil.*, which appeared subsequently, Brandis abandoned this view…	在之后出版的 *Gesch. der Entwicklungen d. Griech. Phil.*（i. 40）中，布兰迪斯放弃了这个观点…… （翻译过于生硬）
3	（第 120 页倒数第 2 行） 把这个体系描述成质料主义的，把那个体系描述成形式主义的，尽管它们在真理上追求的是同样的目的	in describing this system as materialistic, and that as formalistic, while all in truth pursue the same end	把这个体系描述成物质主义，把那个体系描述成形式主义，尽管它们事实上追求的是同样的目的 （这里的 materialistic 和 formalistic 对应着 7 行以上的“与物质对应的形式”，应统一；in truth 是很基本的英文表达，和“真理”无关）

续表

	现有译文 （下画线表示存在翻译问题的内容）	英　　文	正确译文 （括号内是错误原因分析）
4	（第 122 页倒数第 11 行） 这两个体系都没有在这个方向上推进得更远	But the two systems do not advance equally far in this direction	这两个体系在这个方向上前进的距离不同 （理解错误，这句话是说毕达哥拉斯学派没有埃利亚学派在抽象性上走得远）
5	（第 123 页第 9 行） 是一且同一	one and the same	同一 （基本的英语习语）
6	（第 123 页第 22—23 行） 定理……定律	theorem ... theorem	定理……定理…… （连续两行的同一个 theorem 翻译成两个不同的中文词）
7	（第 123 页注释 6） 诚然，毕达哥拉斯学派承认不可感的本原，但是，他们并没有把自己完全限制在对自然的这一解释中	The Pythagoreans, it is true, admit non-sensible principles, but they nevertheless confine themselves entirely to the explanation of nature	诚然，毕达哥拉斯学派承认不可感的本原，但他们还是把自己完全限制在对自然的这一解释中 （理解错误）
8	（第 125 页倒数第 4 行） 任一分支的哲学家不必也应当按照出生属于该分支，而且这个条件在每一个人身上肯定不应当被坚持	it is not necessary that the philosophers of either division should belong to it also by birth; and this condition certainly ought not to be insisted on in the case of every individual	任一分支的哲学家都不必然因为出生地而属于该分支，我们当然也不该坚持把这个条件用在每个哲学家身上 （理解错误，中文表达别扭）

续表

	现有译文 （下画线表示存在翻译问题的内容）	英　　文	正确译文 （括号内是错误原因分析）
9	（第 126 页第 2 段第 5 行） 在伊奥尼亚这边，把赫拉克利特放在这一学派的早期哲学家之外是不正确的，因为他与阿那克西美尼并不是一个简单的进步关系，像阿那克西美尼与阿那克西曼德所具有的那种关系那样	On the Ionian side, it is incorrect to place Heracleitus beside the earlier philosophers of that school, for he does not stand in a relation of simple progression to Anaximenes, as Anaximenes stands to Anaximander	在伊奥尼亚这边，把赫拉克利特放在那个学派的早期哲学家身旁是错误，因为他与阿那克西美尼之间并不是简单的进步关系，就像阿那克西美尼与阿那克西曼德的关系那样 （理解错误，beside 在这里是归入同一个学派，而不是从这个学派里排除出去，后半句强调的是赫拉克利特与伊奥尼亚学派的差别）
10	（第 126 页倒数第 1 行） 但这个孤立的学说与其说是哲学的不如说是宗教的，不能被当成对费瑞库德斯在历史上的地位是决定的	but this isolated doctrine, which is rather religious than philosophic, cannot be taken as decisive for the position of Pherecydes in history	但这个孤立的学说与其说是哲学的不如说是宗教的，不能成为判定费瑞库德斯历史地位的决定性依据 （理解错误）

表 4 第一卷上册第三章“埃利亚学派”部分翻译问题（余友辉译，第 369—372 页）

	现有译文	英 文	正确译文
1	（第 369 页第 4 行） 尽管所有这些文献到处都有脱漏，但它们仍然包含过多东西；而这一多余，至少对这个学派的创始者来说，比原始文献的稀缺对正确评价埃利亚学派学说造成的伤害还要大	Full of acunae as all these sources are, they yet contain too much and this superabundance has, at least in respect to the founder of the school, been more prejudicial to a correct estimate of the Eleatic doctrines than the scarcity of original documents	虽然所有这些文献都有很多脱漏，但是仍然包含了过于丰富的内容，这种过度的丰富性，相比原始资料的匮乏，对于正确评价埃利亚学派的学说造成了更加不利的影响，至少在评价这一学派创始人的思想时是这样 （理解错误，中文表达别扭）
2	（第 369 页倒数第 3 行） 我们拥有的以亚里士多德署名的那本著作	We possess a treatise, under the name of Aristotle	我们拥有一部归于亚里士多德名下的著作 （中文表达别扭）
3	（第 370 页第 8 行） 这在作品本身当中得到清楚的证实：它的内容实质表明……	This is clearly asserted in the work itself, and the contents are of such a nature ...	这一点在作品中得到了明确的表达，并且内容的本质也表明…… （这里说的是两层意思：一层是明确说了是麦里梭，另一层是从内容上判断也不会是别人）
4	（第 370 页倒数第 6 行） 麦里梭正是第一个坚持那个“存在之一”的无限性的人	Melissus who first maintained the unlimitedness of the One Being	麦里梭是第一个坚持“唯一存在”无限性的人 （所有对 One Being 的翻译都是错的）
5	（第 370 页倒数第 1 行） 它与古代证词的一致有助于澄清这一章节的内容	his harmony with ancient testimony serves to ratify the contents of this chapter	它与古代证词的一致有助于认可（或确认）这一章节的内容 （理解错误，这里与“澄清”无关，是说保证这个内容确实是麦里梭的）

续表

	现有译文	英　　文	正确译文
6	（第 370 页注释 4 倒数第 7 行） 他对克塞诺芬尼的详细考察也少有已知的或可靠的东西	His detailed examination of Xenophanes ... contains scarcely anything which is either not already known, or which is tenable	他对克塞诺芬尼的详细考察几乎没有任何超出大家都知道的或者站得住脚的东西 （理解错误）
7	（第 371 页注释 1 倒数第 8 行） Kern, *Qu. Xen.* 42 对此观点的反对是不相干的，它直接反对的是一种不应该由我来负责的对这一段话的解释	The objection of Kern, *Qu. Xen.* 42 to this opinion is irrelevant, and is directed against an interpretation of the passage for which I am not responsible	……它反对的并不是我对这一文本的阐释 （理解错误，directed 和“直接”无关；中文表达别扭）
8	（第 371 页注释 1 倒数第 1 行） 被确切地当作亚里士多德著作提到	is actually mentioned among the writings of Aristotle	事实上被当作亚里士多德的著作提到 （基本英文表达）
9	（接前页注释倒数第 8 行） 或更有可能的，如在我看来的，与此书更早段落确切相联的这几个词 ὥσπερ ὁ Ζήνων，是被相信 c.1 相关于芝诺的人加在这里的	or still more probably, as it seemed to me, that the words ὥσπερ ὁ Ζήνων, which certainly relate to an earlier passage of the book, had been added by the person who referred c. 1 to Zeno	在我看来更有可能的是，ὥσπερ ὁ Ζήνων 这几个词显然与本书较早的一段文本有关，它们是由把 c.1 归于芝诺的人加上的 （希腊文拼写错误，理解错误，中文表达别扭）
10	（第 372 页注释 2 第 1行） Philoponus, *Phys.* B, 9 是唯一一个说到亚里士多德有关巴门尼德的论述的文献：“人们说，他专门写了一本书来讨论巴门尼德的学说。”	Philoponus, *Phys.* B, 9 is the only authority who says that there existed a treatise on Parmenides attributed to Aristotle: ...	Philoponus, *Phys.* B, 9 是唯一说到有一部关于巴门尼德作品归于亚里士多德名下的权威文献 （亚里士多德关于巴门尼德的论述有很多，关键是一部专门的作品；权威说法不同于一般文献，“一本书”的翻译过于现代）

表 5　第二卷第七章“苏格拉底学说的主题：伦理学”部分翻译问题（吕纯山译，第 92—93 页）

	现有译文	英　　文	正确译文
1	（第 92 页标题） 苏格拉底学说的主题	The substance of the teaching of Socrates（德文：Die sokratische Lehre ihrem Inhalt nach betrachtet：die Ethik）	苏格拉底学说的实质 （相对于前一章讨论的“方法”；如果根据德文翻译，则为“苏格拉底学说的内容”）
2	（第 92 页第 1 行） 色诺芬提到，苏格拉底并不像以前的大部分哲学家那样谈论整个自然	Socrates，says Xenophon，did not discourse concerning the nature of the All，like other philosophers before him	色诺芬提到，苏格拉底并不像以前的大部分哲学家那样谈论万有（或宇宙）的本性 （理解错误）
3	（第 92 页第 5 行） 严格按照这样的看法，色诺芬笔下的苏格拉底甚至以直接的用途为标准来测试几何学与天文学这样的有关测量和航行的科学	Quite in keeping with this view，the Socrates of Xenophon tests even geometry and astronomy by the standard of immediate utility，as being the knowledge respectively requisite for surveying and navigation	与这种看法一致，色诺芬笔下的苏格拉底甚至要用直接功利的标准来检验几何学和天文学，把它们分别当作测量和航行所必需的知识 （理解错误）
4	（第 92 页倒数第 5 行） 对此更进一步的说法是，苏格拉底认为这些探索是在浪费时间，甚至是不虔敬的；因为人绝不能完成神的伟大工作，神也不会有了解这些知识的欲望	To carry them further than this，he considers to be a useless waste of time，or even impious；for man can never come upon the track of the mighty works of the Gods，nor do the Gods desire that he should attempt such knowledge	更有甚者，苏格拉底认为这是毫无用处地浪费时间，甚至是不虔诚的，因为人绝不能从事神的伟大工作，神也不希望人去尝试这样的知识 （理解错误）

续表

	现有译文	英　　文	正确译文
5	（第 93 页第 3 行） 这个断言难道不是很明显反对他自己的一个基本观点——所有知识同一的理念	Would not such an assertion too manifestly contradict his own fundamental view, the idea of the oneness of all knowledge	这个说法难道不是明显与他的基本观点——所有知识同一的看法——相矛盾吗? （苏格拉底那里没有“理念”，idea 与 view 同义）
6	（第 93 页第 5 行） 甚至柏拉图见证了这一事实，即苏格拉底完全没有攻击自然科学，而只是平常待之	Even Plato bears testimony to the fact that Socrates did not attack natural science in itself, but only the ordinary treatment of it	甚至柏拉图也证明，苏格拉底并没有攻击自然科学本身，而只是攻击对待自然科学的通常方式 （理解错误）
7	（第 93 页第 8 行） 因此，苏格拉底就如事实所呈现的那样，不具有对自然科学的特殊天赋，因此也对它没有任何程度的研究	Allowing, therefore, that Socrates, as was the fact, had no special talent for natural science, and hence did not study it to any great extent	因此，苏格拉底事实上在自然科学方面没有特别的天赋，因此也没有很深入地研究它 （基本英文表达）
8	（第 93 页第 11 行） 贯穿整个自然的理智的普遍混乱的思想	the thought of a universal diffusion of intelligence throughout the whole of nature	理智弥漫在整个自然之中的思想 （理解错误）
9	（第 93 页倒数第 5 行） 他一定只是打算，人们只应该走到这一步——一个辩证法基础已经被安全地放在自我意识的深处；所有其他的一定指大众的而非哲学的教育	He must have only intended that man ought not to reach into the distance until a critical foundation has been securely laid in the depths of his own inner life; or else it must have reference to popular and not to philosophical study	他一定只是想要让人们在内心深处安全地打下至关重要的基础之前不要走得太远，否则这一定是大众的而非哲学的教育 （理解错误）

续表

	现有译文	英　　文	正确译文
10	（第 93 页倒数第 2 行） 很不幸，这种观点依赖于一个不能被支持的假设	Unfortunately this view of modern writers rests on assumptions which cannot be supported	很不幸，现代学者的这种观点建立在一些没有根据的假设之上 （缺少内容，把复数翻译成单数）

表 6　第三卷第十四章“老学园派：斯彪西波”部分翻译问题（詹文杰译，第 401—412 页）

	现有译文	英　　文	正确译文
1	（第 401 页第 3 行） 雅典虽然丧失了其政治上的权势，但是在哲学气氛上仍然保持为希腊世界的中心，就个人在这方面的影响而言，柏拉图的贡献超过了其他任何人	so far as an individual may be said to have contributed to that result, Athens owes it to him, more than to any one, that even after the loss of her political ascendancy, she still remained the center of all the philosophic aspirations of Greece	雅典虽然丧失了其政治上的权势，但依然是希腊所有哲学抱负的中心，如果说有一个人对那个结果做出了贡献，那么雅典最应该感激的就是柏拉图 （理解不准确）
2	（第 401 页注释 1 第 9 行） Amyklus……后者把他算作值得一提的数学家	Amycius ... the latter among the mathematicians of merit	Amycius……后者把他看作优秀的数学家 （人名拼写错误，翻译不准确）

续表

<table>
<tr><th></th><th>现有译文</th><th>英　　文</th><th>正确译文</th></tr>
<tr><td>3</td><td>（第 402 页注释第 19 行）
赫尔米亚斯（Hermias），Atarneus 的王子</td><td>Hermias, Prince of Atarneus</td><td>赫尔米亚斯，阿塔纽斯的君主
[“王子”为误译，赫尔米亚斯是亚里士多德的保护人，阿塔纽斯（Atarneus）的君主；第 406 页注释 4 把 princes 翻译成“王公贵族”也是错误的，也应为“君主”]</td></tr>
<tr><td>4</td><td colspan="3">（第 401—403 页注释）
这个注释中多数人名中的家乡名没有翻译，比如（1）赫拉克利亚的阿明塔斯、（5）西基库斯的阿特纳伊奥斯、（7）佩雷内的凯罗，等等，但是又有几个家乡名翻译了，比如（1）洛克利人阿里斯底德；（21）本都人赫拉克利德；（22）艾诺斯的赫拉克利德；（34）艾诺斯的皮松；（36）泰阿泰德，雅典人。体例不统一</td></tr>
<tr><td>5</td><td>（第 404 页接前页注释第 3 行）
柏拉图建造的博物馆，也就是斯彪西波在其中展示美惠三女神雕像的地方……可能就处于花园之中</td><td>The Museum, also erected by Plato, in which Speusippus exhibited pictures of the Graces ... perhaps stood in the garden</td><td>柏拉图建立的缪斯的圣所，也就是斯彪西波在其中放美惠三女神画像的地方，或许就在花园中
（理解错误，柏拉图那个时代没有“博物馆”这样的机构，Museum 的意思是“缪斯的圣所”）</td></tr>
<tr><td>6</td><td>（第 405 页接前页注释第 1 行）
阿摩尼乌斯也说，在公元前 335 年，当亚里士多德来到雅典时……</td><td>Ammonius also, V. Arist. p. 11, West; cf. Hermipp. apud Diog. V.2 says that in 335 when Aristotle came to Athens ...</td><td>（漏掉了画线部分的内容）</td></tr>
</table>

续表

	现有译文	英　文	正确译文
7	（第 406 页注释 3 第 1 行） 我们看到关于色诺克拉底多方面性格的记载：认真、克己、简朴、清廉、热爱真理、尽职尽责	We have many traits recorded of Xenocrates' earnestness, austerity, contentedness, integrity, love of truth, and conscientiousness	我们有关于色诺克拉底很多品格特征的记载，比如认真、克己、知足、正直、爱真理、尽职尽责 （翻译不准确）
8	（第 407 页注释 1 第 2 行） 这里提到了关于柏拉图的著名表述："色诺克拉底，献给美惠女神的人。"（Ξενόκρατες, θῦε ταῖς Χάρισι）还谈到色诺克拉底与亚里士多德，"一个需要鞭策，一个需要缰绳"，"一个像驴，一个像马"	where are the well-known expressions of Plato: Ξενόκρατες, θῦε ταῖς Χάρισι, and about Xenocrates and Aristotle: ἔφ' οἷον ἵππον οἷον ὄνον ἀλείφω, and τῷ μὲν μύωπος δεῖ τῷ δὲ χαλινοῦ	这里提到了柏拉图的著名说法："色诺克拉底，去给美惠女神献祭。"还谈到了色诺克拉底与亚里士多德："我要激励怎样的一头驴去面对怎样的一匹马"，"一个需要马刺而另一个需要马勒" （希腊文理解错误）
9	（第 411 页注释 3 第 3 行） 所以他不可能比波勒莫年轻太多，顶多是 10 岁左右	he cannot, therefore, have been more than a year younger than Polemo	所以他不可能比波勒莫年轻超过一岁 （理解错误）
10	（第 411 页注释 3 第 5 行） 他与阿尔凯西劳有着非常亲密的关系，为其赢得了学园的继承权，还给其留下了不少财产……	With Arcesilaus, who he won over for the Academy, he lived in the most confidential connection, and left him a considerable property ...	他为学园赢得了阿尔凯西劳，并与阿尔凯西劳有着非常私密的关系，还给他留下了不少财产…… （理解错误：这里说的是克朗托把阿尔凯西劳从漫步学派那里争取到了学园派，与成为主持无关；并且暗示克朗托与阿尔凯西劳的恋人关系）

表 7　第四卷第三章“亚里士多德著作的历史与顺序”部分翻译问题（曹青云译，第 100—102 页）

	现有译文	英　文	正确译文
1	（第 100 页第 9 行） 这个故事的作者们告诉我们塞奥弗拉斯特之后的漫步学派既不知道这位哲学大师的主要著作……	From this story the writers named argue that to the Peripatetics who followed Theophrastus, not only the master's chief works	从这个故事里，前面提到的作者主张，那些塞奥弗拉斯特之后的漫步学派成员既不知道老师的主要作品…… （“前面提到的作者”指斯特拉波和普鲁塔克；对于漫步学派成员来讲，亚里士多德不是哲学大师，而是他们的“祖师爷”）
2	（第 100 页注释 1 第 6 行） 因此，他在罗马工作的时期应当是这个世纪的中叶，即便他可能活到了这个世纪的后三分之一	His work at Rome could not, therefore, have extended very far beyond the middle of the century, even though he perhaps lived on into the last third of it	因此，他在罗马工作的时期不可能超出这个世纪中间很多，虽然他可能活到了这个世纪的后三分之一 （不太准确）
3	（第 100 页注释 1 倒数第 3 行） 他死于某个奥林匹亚的第三年，但很遗憾我们不知道究竟是哪一个奥林匹亚年	He died ... in the third year of an Olympiad the number of which has unfortunately been miswritten	他在某个奥林匹亚周期的第三年死去，但是遗憾的是记载中的那个奥林匹亚周期是错误的 （理解错误）
4	（第 101 页接前页注释第 1 行） 然而，普鲁塔克无疑也是从斯特拉波那里得到的信息。普鲁塔克没有记录安德罗尼柯从提兰尼俄那里得到了亚里士多德著作的抄本，他出版了它们，又写了 τοὺς	The latter, however, undoubtedly gets his information from Strabo. The only thing the latter does not give is the remark that Andronicus obtained copies of the Aristotelian works through Tyrannio, published them, and wrote	然而，普鲁塔克无疑也是从斯特拉波那里得到的信息。斯特拉波唯一没有记录的就是安德罗尼柯从提兰尼俄那里得到了亚里士多德著作的抄本，出版了它们，并撰写了 τοὺς νῦν φερομένους πίνακας（现存作品目录）。普鲁塔克或

续表

	现有译文	英 文	正确译文
4	νῦν φερομένους πίνακας（现存抄录册）。普鲁塔克或许是从他所知的其他资料中把这册子添加进去的，或许是从斯特拉波（参见Stahr, *Arist*. ii.23）的历史著作中得来的（苏拉在雅典居住期间的一次事件之后，这些历史著作立即就流传开了）。除了斯特拉波的证据，我们没有任何有关阿珀里康发现这些书籍的其他资料（Heitz, *Verl. Schr*. 10）	the τοὺς νῦν φερομένους πίνακας. Plutarch may have added this from what he knew from other sources, or also (as Stahr supposes in *Arist*. ii. 23) from Strabo's historical work (made use of immediately afterwards for an incident in Sulla's residence at Athens). We have no right to suppose (Heitz, *Verl. Schr*. 10) a source for his information about Apellico's discovery of books, independent of Strabo	许从他所知的其他资料中增加了这个信息，或许是从斯特拉波的历史著作中（Stahr猜测是*Arist*. ii. 23）（普鲁塔克紧接着就使用了这部作品里提到的苏拉在雅典居住时的一个事件）。我们没有理由认为（像Heitz, *Verl. Schr*. 10认为的那样）他还有独立于斯特拉波的资料去记录阿珀里康发现这些著作的事情（主语错误：普鲁塔克增加的不是“册子”，而是斯特拉波没有写到的关于安德罗尼柯的信息。后面理解都不准确）
5	（第101页接前页注释第10行） 缺少10行希腊文，导致上下文意思无法衔接		
6	（第101页接前页注释第11行） 如果我们把“年轻的漫步学派”限制在安德罗尼柯的那些前辈中，他们能够使用阿珀里康和提兰尼俄看到的版本；但是否有人能够指出存在这样一些人——他们不为我们所知，但是他们发展了漫步学派的学说又非常了解亚里士多德的观点，我们有理由认为安德罗尼柯应当是这样的人	if we limit the 'younger Peripatetics' ... to those predecessors of Andronicus who were able to use the editions of Apellico and Tyrannio, and it is very questionable whether anyone could attribute to these men, who are quite unknown to us, an improvement of the Peripatetic doctrine, and a closer insight into Aristotle, such as might with reason be ascribed to Andronicus	如果我们把“更年轻的漫步学派成员”限定在安德罗尼柯之前又可以使用阿珀里康和提兰尼俄编辑的版本的人们，那么我们恐怕不能指望这些我们几乎一无所知的人中间，有人可以像安德罗尼柯那样改进漫步学派的学说，同时非常了解亚里士多德 （阿珀里康和提兰尼俄是作为编辑被提到的，没有人可以直接使用阿珀里康看到的残破的版本；后面的理解不准确）

续表

	现有译文	英　　文	正确译文
7	（第 101 页接前页注释倒数第 2 行） 因为前者的观点与他自己的观点不同，而后者的观点与年轻的漫步学派的观点不同	the former would have taken a different view of his own edition, and the latter of the younger Peripatetics	前者会对自己的版本持有不同的看法，而后者会对年轻的漫步学派成员持有不同看法 （理解错误：这句话的意思是说提兰尼俄不会像后世学者一样对自己编辑的版本大加否定，波埃图斯会更加看重那些年轻的漫步成员的观点，而不是不予置评）
8	（第 102 页倒数第 6 行） 并且提兰尼俄正在苏拉缴获的图书馆里工作	Tyrannio was working among the literary booty of Sulla	提兰尼俄正在苏拉的文学战利品中工作 （理解不准确，怀疑把 literary 看成了 library）
9	（第 102 页注释 3） 因为，当 Athenaeus 或他的介绍者说奈留斯的整个图书馆被带到了埃及的亚历山大里亚，这可能是一个不准确的描述，正因为它是不准确的，相反，它在 v.214 中说阿珀里康拥有的不是亚里士多德的著作而是他的图书馆	For when Athenaeus, or the epitomiser of his introduction, ibid., asserts that the whole library of Neleus was taken to Alexandria, this may easily be an inexact expression, just as it is inexact, in the opposite way, when, in v. 214, he makes Apellico possess not the *works*, but the *library* of Aristotle	因为，当 Athenaeus 或者他的导论的摘要作者说奈留斯的整个图书馆被带到了亚历山大里亚，这很可能是一个不准确的描述，就像在 v. 214 中他说阿珀里康拥有的不是亚里士多德的著作而是他的图书馆也是不准确的，但是以相反的方式 （理解不准确）
10	（第 102 页最后一行） 后来的编辑者们也从未觉得他的文本有任何约束力，即使斯特拉波的故事是正确的，这可能是这个故事的唯一来源	Later editors did not in any way feel themselves bound by his text, though if Strabo were right, it could be the only authentic one	后来的编辑们也从未觉得自己受制于他的文本，虽然假如斯特拉波是正确的，这就是唯一真实的文本 （理解错误）

表 8　第六卷第五章“公元前一世纪的漫步学派”部分翻译问题（石敏敏译，第 78—82 页）

	现有译文	英　　文	正确译文
1	（第 79 页倒数第 2 行） 公元前一世纪后半叶	in the second third of the first century before Christ	公元前一世纪的中间三十年 （理解错误）
2	（第 79 页正文最后） 语法学家提兰尼俄为他提供了方法	for which Tyrannio the grammarian furnished him with the means	语法学家提兰尼俄为他提供了可能（或途径） （提兰尼俄并不是为安德罗尼柯提供了方法，而是给他提供了可供编辑的文本）
3	（第 79 页注释 4 倒数第 6 行、倒数第 4 行） 厄律尼乌斯……埃里姆纽斯	Erymneus ... Erymneus	厄律尼乌斯……厄律尼乌斯 （同一个人名相隔两行翻译不一致）
4	（第 79 页注释 5 第 2 行到下一页第 1 行） 两次把正文统一译为“安德罗尼柯”的名字译为“安德罗尼库”（甚至同一个注释后面都是正确的）		
5	（第 80 页注释 1 第 3 行） 收集了一套著名藏书	collected a famous library	建立了一个著名的图书馆 （翻译不准确，收藏的不是“一套书”）
6	（第 80 页注释 4 第 1 行） 其中最常引用的是他对《范畴篇》的阐释……辛普里丘……似乎认为安德罗尼柯的这篇作品只是一种改写（“安德罗尼柯的《〈范畴篇〉释义》改写了《范畴篇》中的一卷”）	Of these his exposition of the categories is most frequently quoted ... Simplicius seems to describe the work of Andronicus as a mere paraphrase（Ἀνδρ. παραφράζω ντὸ τῶν Κατηγοριῶν βιβλίον）	其中最常被引用的是他对诸范畴的阐释……辛普里丘似乎认为安德罗尼柯的作品不过是复述（“安德罗尼柯复述了那一卷《范畴篇》”） （作品与问题不同；用“改写”翻译 paraphrase 不准确，这个词的意思是用自己的话复述；《范畴篇》只有一卷）

续表

	现有译文	英　　文	正确译文
7	（第 81 页接前页注释第 6 行） Πάθος的定义可能出自某篇对《尼各马科伦理学》的注释	The definition of πάθος, ap. Aspas. in *Ethi. N*（*infra*, p. 118, 3）is taken, perhaps from a commentary on the Ethics	来自阿斯帕西乌斯（Aspasius）的《〈尼各马可伦理学〉评注》的 πάθος 定义（第 118 页注释 3）或许来自他对《伦理学》的注释 （漏译重要内容，“他”指安德罗尼柯）
8	（第 82 页接前页注释第 6 行） 所以它基本上相当于使灵魂屈就身体，与身体和谐一致	so that it coincides in the main with the reduction of the soul to the harmony of the body	所以它大体上是将灵魂还原为身体的和谐 （理解错误）
9	（第 82 页注释 1 第 9 行） 或许斯特拉波使用了他在罗马的教导	Perhaps Strabo may have availed himself of his instructions in Rome	或许斯特拉波在罗马接受了他的教导 （理解不准确）
10	（第 83 页接前页注释第 5 行） 根据辛普里丘（*De An.* 69, b）关于他反对不朽所告诉我们的信息，有一篇对《论灵魂》的注释（尽管没那么确定）	an exposition of the books on the soul（though less certainly）from what Simplicius（*De An.* 69, b）tell us concerning his objections against immortality	从辛普里丘告诉我们的关于他如何反对不朽性的内容看（*De An.* 69, b），还有一篇对论灵魂各卷的注释（尽管没那么确定） （中文表达别扭）

撇开上面列举的具体内容，就笔者阅读全书的体验来看，在这六位译者中，吕纯山的译文错误最多，严重影响理解；聂敏里和余友辉的译文错误较多，中文表达也比较生硬，影响理解；詹文杰、曹青云和石敏敏的译文虽然也存在问题，但是流畅性和可读性较强。

五、结语

整体而言，这套《古希腊哲学史》的中译本未能完整呈现策勒这部巨著的风貌，没有体现“精益求精的学术态度”，恐怕也很难说实现了国内几代学者的夙愿。希望这套书再版时至少可以完成以下几项工作：

第一，在翻译底本方面，理想情况是以德文第 6 版为基础进行翻译，即便使用英文版作为底本，至少应当使用最新的英译本。

第二，在翻译的完整性方面，补全此次没有译出的有关新柏拉图主义的部分，补全被删掉的古典引文和当代的学术争论；将全部古典人名和著作的缩写译出，或制作完整的缩写对照表，并统一所有古代人名和作品名的译名；现代作品的标题即便不做翻译，也应当把缩写补全，方便读者查找。

第三，在各卷前言方面，全面修订各卷前言，统一体例，增加学术性讨论。

第四，在译文质量方面，理想情况是根据最新德文版重新修订译文，即便使用英文版作为底本，也需要逐句修订全部译文。

最后我想说，在翻译难以进入各种“考核”视野的今天，能够邀集众多专业学者共同翻译像策勒这样的学术巨著无疑是一项壮举——编者和译者的“苦劳”肯定是有的。但有鉴于如今古希腊哲学研究的广度和深度较以往都有了很大的提高，研究者和读者也已经具备了较强的外文阅读能力，在时间如此宝贵的今天，集众人之力去翻译一套德文哲学史著作的英译本，却又未能在评价和研究方面做出贡献，甚至在最基本的文字翻译和语言理解方面都有差错，“功劳”恐怕就很难说了。我们今天究竟需要什么样的学术翻译，我们又能为当下和未来的读者提供什么样的学术翻译，这可能是每一个从事相关工作的学者、译者和编者需要认真思考的问题。

评审与修订

《感觉的必然维度》评审意见与作者回应

外审总评

This is an interesting paper. The discussion is clear throughout, careful for the most part, and even subtle at some places. But it also has various problems. Chief among these are: (1) the burden to explain what is meant by the technical terms "visual-mode" and "auditory-mode" (as opposed to the ordinary terms "visual" and "auditory") is not discharged (perhaps not even recognized?), (2) the argument for the corollary in §5 is seriously flawed. If the author chooses to revise the paper, I am willing to review the resubmission.

初稿原文

对于今天的人们来说，"视觉经验并不依赖于视觉器官"这一论断，随着科技的突破已经不再显得荒谬。最新的脑机接口技术已经可以通过直接刺激相应的大脑皮层，使没有视觉器官的人产生如亲眼见到般的感觉经验（Beauchamp & Yoshor, 2020）。但是，盲人类比试图论证的是：没有相关感觉器官的人的自发经验，也可以与有相关感觉器官的人的感觉经验相同——这才是这个论证的极端之处。

审稿意见

1. What's meant by“自发经验”? It is very arguable that experience is essentially passive. So what is meant by “spontaneous experience”? Of course, a blind man, just like a sighted man, can spontaneously walk around, turn his head in various directions, and perhaps also turn his eyeballs in various directions. But these are all actions, not experiences. Further, this odd notion of “spontaneous experience” is never invoked later. So what is the point of introducing it here?

2. Concerning “脑机接口技术”, it is not clear how this piece of modern technology is really relevant to assessing the original argument.

作者回应

1. 我同意审稿人这里对“自发”这个概念的使用提出的忧虑。这里表达的其实是一个很简单的意思：“未经类似脑机接口技术干预而产生的经验。”的确不需要使用“自发”这个会引起太多理论联想的词。相关说法已经修改为“没有相关感觉器官的人的自生（未经类似脑机接口技术干预而产生的）经验，也可以与有相关感觉器官的人的感觉经验相同”。

2. 对“盲人类比”要反驳的观点有一种可能的理解：视觉经验依赖于眼睛这一视觉器官。如果这样理解的话，这个要反驳的观点的错误似乎已经被现代科技证明了（因而也无须从哲学上再花费如此多功夫来讨论）。因此，这一段澄清的目的是使盲人类比要反驳的观点看起来更强一些。

初稿原文

首先，我们有理由认为，把“空拳”当作一种手型，是一个概念上自相矛盾的做法。“空拳”意味着没有手，即不存在一个相关的实体；而形状是实体的性质，没有了相关的实体也就意味着没有了相关的形状。故而，将“空拳”当作一种手的形状有自相矛盾的嫌疑。

审稿意见

This part of the argument, based on consideration of shape, doesn’t seem to be water-tight.

A shape is not necessarily the shape of a material body (which is what the author seems to mean by “实体”). One can, without logical absurdity, speak of, e. g., the shape of one’s mental image of a horse. (“I am imagining something shaped like a horse now.”) One can also speak of the shape of a flash of lightning, though this is not a clear-cut case (because the question “一道闪电是一个实体吗？” has no clear-cut answer).

The argument can in fact be made without considering shape. One can say something like the following: “没有手当然就没有拳；所谓的‘空拳’并不是一类真正的拳，正如‘空头支票’不是一类真正的支票。” A fist is not *just* a shape, not even the shape of a hand, if “shape” is understood purely geometrically. Rather, a fist is a hand shaped in a certain way. You can punch someone with a fist, but not with a (purely geometrical) shape.

作者回应

感谢审稿人的建议。之所以讨论“手型”，是因为这是我对陈晓平的反驳（我认为最恰当）的理解。如果按照审稿人建议的方式来回应，就完全跳过了陈的反驳本身所强调的（手型）。另外，对于“空拳是否是真正的拳”这一点，陈晓平认为如果接受“盲人类比”，显然也是有理由接受“空拳是拳”的，因此，如果按照外审专家的建议来回应，就相当于直接否定他的结论。

对于形状是否需要实体，我还没有被审稿人的反例说服。A mental image 有形状，但是该形状是这个 mental image 的 content 的形状，而不是 mental image 自身的形状；闪电的例子，我认为的确有理由认为“闪电是实体”（一堆正负电荷）。

初稿原文

由此，盲人的感觉经验即便在概念上不能被称为“视觉经验”，但是仍可以被当作一种视觉形态的感觉经验。这一视觉形态的感觉经验与“看见黑暗”这一视觉经验具有相同的感质。在这一新解读下，盲人类比的核心论点不是“盲人的感觉经验与‘看见黑暗’是相同的视觉经验”，而是“盲人的感觉经验与‘看见黑暗’是具有相同感质的、视觉形态的经验”。

审稿意见

This claim，“盲人的感觉经验即便在概念上不能被称为‘视觉经验’，但是仍可以被当作一种视觉形态的感觉经验”，which is extensively relied upon later in this paper，has some surface plausibility. But it does incur an obligation to explain what is meant by the newly introduced “visual-mode”. It is clearly a technical term（not a piece of ordinary language）. So how is this term different from the ordinary，non-technical term “visual”?

（Here the author explicitly introduces this term as DIFFERENT from the ordinary word “visual”.）

This obligation exists because the original argument by the Buddha is conducted without using any such technical term as “visual-mode”. So the question arises：How does this term bear on the original argument?

作者回应

大致来说，“视觉形态的经验”想表达的是这样一类经验：它不一定由视觉器官产生，但与视觉器官产生的经验具有相同现象特征。但这一定义的问题在于：“视觉形态的经验”与“视觉经验”在现象上等同于这一前提，在盲人类比中是一个独立的经验性前提，即它的为真是由经验来确证的，而不是从概念上就成立的。因此，我不能如此来定义“视觉形态的经验”——这是为什么我在初稿中没有给出定义。不过，我认同审稿人的意见：作为一个关键概念需要给出清晰的界定。我添加了如下避免乞题的定义：“所谓视觉形态的感质，是指我们用以描述和把握该感质的概念是我们通常用来描述和把握视觉经验的那一类概念。即便这样的感质不是由视觉器官产生，但我们却能用也只能用描述视觉经验的概念来描述和把握其现象特征。比如，‘没有任何颜色’‘一片漆黑’‘黑暗看起来像是什么’这些现象特征显然不能说是听觉形态的、触觉形态的或嗅觉形态的——我们无法用描述这些形态的经验的概念来描述和把握上述现象特征。”

审稿人提到“视觉形态”这个转变似乎与如来的原初论证说法不同了。如我在随后承认的，这是一个“新的解读”；但同时我觉得这个解读并没有偏离如来的原意——如来也是在使用通常描述视觉经验的概念来描述盲人的视觉经验，只是他没有明确提出这个区分。

初稿原文

视觉经验的另一个特殊性在于：它通常是注意力的聚焦之处。失明者由于失去了外界的图像刺激，其注意力很可能逐渐从视野转移到了其他维度（比如听觉）上。因此，即便失明者的主观感受中有某种类似“黑暗”的感质，由于不在注意力的聚焦下，这种感受很可能就像视力正常者对脑后世界的感知一样——完全没有处在意识中。这与进入没有光线的房间中“看到黑暗”的视力正常者的感觉经验会很不一样——后者在注意力的聚焦下，而前者则不被意识所关注。（这或许是先天失明者会报告自己根本就没有“看到黑暗”的原因之一。）

视觉经验的上述特征——有视野以及是注意力的焦点——给了我们将盲人的感受与“看见黑暗”的视力正常者的感受区分开的理由。

审稿意见

Of the two points of difference, the point about the visual field seems more solid, while the point about attention requires further reflection.

1. “Not under the focus of attention”（“不在注意力的聚焦下”）need not mean “not attended to（in consciousness）”（“完全没有处在意识中”）. This is because “under the focus of attention” usually connotes active attention（as it seems to do here）. But not all attention is active. Sometimes it is passively wrung from

the subject (e. g., when your attention is involuntarily drawn to a sudden, unexpected flash of lightning or a bang of thunder).

2. But even if both points can be made, there is still a further question that should be addressed: Are these two differences in the phenomenology of visual experience? This has to be addressed because the "similarity" claimed earlier is "phenomenal similarity", not (of course) "similarity in all respects". Now phenomenal similarity was earlier cashed out in terms of qualia. So the question is: Is having a visual field or the involvement of attention a matter of qualia? It seems that you have to answer "Yes", but this is far from clear and requires argument. Generally (as far as I know), people do not regard these two matters as matters of qualia.

作者回应

1. 感谢审稿人指出两者的区别。原文"完全没有处在意识中"这一表述已经修改为"后者在注意力的聚焦下，而前者则不是"。

2. 当你聚精会神地盯着电脑屏幕的正中，你可能看到了屏幕边缘出现的事物，但该事物不在你注意力的聚焦下。与之对比：你注视着同一画面，但这次你的注意力聚焦到了屏幕边缘出现的事物上。在现象上，我觉得有理由认为上述两种经验是不同的。但如审稿人指出的，也许有的理论家会说两者在感质上是相同的——比如，它们都由同样的形状、色彩和位置关系构成。这或许说明感质不完全等同于现象特征（感质不考虑注意力是否聚焦）。对于盲人类比论证而言，我觉得最重要的是盲人的感受与"看见黑暗"的感受是否在现象上等同；没有必要介入如何理解"感质"这一技术概念的细节中去。我添加了脚注（见本书第 36 页注释 1），对此进行澄清，并修改了前后文相关的用词，凸显了盲人类比强调的是“现象上”的等同。

初稿原文

假想你是一位身处战场的士兵，突然被身旁巨大的爆炸震晕了过去，当你重新恢复了意识，发现自己听不到任何声音。此时的你会无法确定自己究竟是被爆炸震聋了，还是真的处在一个死寂的环境中。这个思想实验说明我们无法在现象上区分聋的体验和“听到无声”的体验。因此，聋人也能有和听觉器官完好的人一样的感质——“无声”。

审稿意见

Well, in some circumstances I can. Suppose I have heard many bombs before and am familiar with not only how the explosions sound but also the distinctive vibrations that the explosions cause in my body (e. g., in my stomach). Then if I still feel such vibrations after waking up, I may be able to know that there are loud sounds around me but I have gone (temporarily) deaf. The “You cannot tell” argument relies on the assumption that all other channels of perception have been excluded. (I don’t know if this assumption was made by Sorensen or not.)

作者回应

我同意外审专家的意见。不过，这里我不需要论证在所有情况下我们都无法区分聋的体验和“听到无声”的体验；我只需要说明在一些情况下确实在现象上无法区分。我修改了随后对这个例子结论的说明，以避免读者产生“我要论证的是所有情况下都如此”的误解：“这个思想实验说明在一些情况下我们无法在现象上区分聋的体验和‘听到无声’的体验。因此，聋人也能有和听觉器官完好的人一样的感受——‘无声’。”

初稿原文

我认为，如果上述两条原则成立，那么我们可以推出以下的结论：任何一个经验主体，其感觉经验必然包含一个听觉维度，即便这个主体没有任何听觉器官。具体推理过程如下：

1. 身处死寂中的听觉正常的人所感觉到的，与丧失了听觉功能的人所感觉到的，在现象上有相同之处——没有声音。

2. 丧失了听觉功能的人所感觉到的，与没有听觉器官的主体所感觉到的，在现象上有相同之处——没有声音。

3. 所以，没有听觉器官的经验主体所感觉到的，与身处死寂中的听觉正常的人所感觉到的，在现象上有相同之处——没有声音。

4. 所以，没有听觉器官的经验主体也能够有“听起来没有声音是什么感觉”的经验。

5. “听起来没有声音是什么感觉”是一种听觉形态的经验。

6. 所以，没有听觉器官的经验主体也有听觉形态的经验。

7. 任何具有主观经验的主体要么有听觉器官，要么没有。

8. 所以，任何主观经验都必然有一个听觉的维度。

审稿意见

1. #6 is formulated in the modality of “actually”(“有”). But it should be formulated in the modality of “possibly”, because it

comes from #4 (and the stipulative #5), and #4 is formulated in the modality of "possibly" ("能够"). This might just be an instance of minor carelessness. You probably meant #6 to be a "possibly" claim but neglected to make this explicit. (But this point will also be relevant below: See the next comment on #8.)

2. Presumably this conclusion (an extraordinary one) is reached by going through the two disjuncts in #7 and, in the more challenging case of the second disjunct (i. e., when there is no hearing organ), relying on #6. But #6 speaks of "experience in an auditory-mode", whereas #8 speaks of "an auditory dimension". So at least formally, the conclusion does not follow, because "auditory-mode" is (by your own lights) not the same as "auditory". If #8 is to follow, it is necessary (though still not sufficient: see below) that #8 use "a dimension in the auditory-mode", but then the burden of explaining "auditory-mode" remains undischarged.

Further, #8 is formulated in the modality of "necessarily". It is hard to see how this can be justified by the modality of "possibly" in #4 and hence in #6 (see comment on #6 above). This jump in modality seems to somehow result from changing the subject-matter from #6 to #8. #6 is about a certain kind of subjects of experiences, whereas #8 is about experiences of subjects ("subjective experiences"). But these two belong to different logical categories (the category of SUBSTANCES or MATERIAL BODIES and the category of OCCURRENCES, respectively). It is hard to see how your change of subject-matter from #6 to #8 can be justified. And it is hard to avoid the impression of a category-mistake here.

What CAN be inferred from #6（after clarifying its modality）and #7 is:

#7.5: Any subject of experience is capable of having experiences in an auditory-mode. But this is a far cry from, and much less “exciting” than #8.

3. 论证从命题 7 到命题 8 有一点跳跃。命题 7 的主语是“具有主观经验的主体”，而命题 8 的主语是“主观经验”。从命题 7 直接推出的结论应该是“任何具有主观经验的主体都有具有听觉维度的主观经验”，而不是目前的命题 8，即“任何主观经验都具有听觉维度”。要将这个论证表达得更严谨一些，可以将命题 7 改为“任何主观经验要么有听觉器官参与产生，要么没有听觉器官参与产生”，前面的命题也要做相应的修改，也可以补充几个步骤，从“任何具有主观经验的主体都有具有听觉维度的主观经验”再进一步推出目前的命题 8。

作者回应

1. 感谢审稿人指出前提 4 和前提 6 在模态上的不一致。我本想表达的意思是“没有听觉器官的经验主体也有相关经验”。现已将前提 4 中的“能够”去掉。

2/3. 感谢两位审稿人所指出的论证中存在的这些瑕疵。按照两位专家的意见，在模态和主语上进行了统一。新的论证（见下）以“经验”作为主语，而不是在“经验”和“经验主体”之间来回切换。最后的结论从“任何主观经验都必然有一个听觉的维度”改为了“任何主观经验都必然包含听觉形态的经验”。这样的改动保留了原结论的要义。

论证的修改版本如下：

1. 丧失了听觉功能的人所感觉到的，与身处死寂中的听觉正常的人所感觉到的（即“听起来没有声音”的感觉），有一部分在现象上是相同的——没有声音。

2. 丧失了听觉功能的人所感觉到的，与没有听觉器官的经验主体所感觉到的，有一部分在现象上是相同的——没有声音。

3. 所以，没有听觉器官的经验主体所感觉到的，有一部分与“听起来没有声音”的感觉在现象上是相同的。

4. “听起来没有声音”的感觉是一种听觉形态的经验。

5. 所以，没有听觉器官的经验主体所感受到的有一部分也是听觉形态的经验。

6. 任何主观经验要么是有正常听觉功能的经验主体的经验，要么是没有正常听觉功能的经验主体的经验；任何主观经验要么包含声音，要么不包含声音，即任何主观经验要么是有正常听觉功能的经验主体的包含声音的经验，要么是有正常听觉功能的经验主体没有声音的经验，要么是没有正常听觉功能的经验主体没有声音的经验。

7. 所以，任何主观经验都必然包含听觉形态的经验。

第二轮审稿意见

1. The qualification “normal”（“正常”）in #6 is problematic. First, it is not needed for the conclusion, since #7 makes no use of “normal”. Secondly, this qualification actually makes #6 wrong. Now #6 contains a short argument. The author starts by pointing

out two distinctions: (1a) the subject of experience has normal hearing vs. (1b) the subject of experience doesn't have normal hearing, and (2a) the experience contains sounds vs. (2b) the experience contains no sounds. Then the author gives a classification by combining these two distinctions. Usually this would yield 4 (= 2 × 2) combinations, but the author gives only three and silently rules out the fourth (1b and 2a), presumably on the ground that someone without normal hearing cannot have an experience that contains any sound.

But this is wrong, and wrong because of the "normal". For someone might not have NORMAL hearing but still have SOME hearing (imagine someone with partially damaged auditory nerves who cannot hear sounds of higher frequencies but can still hear sounds of lower frequencies, or someone whose hearing is distorted but not entirely destroyed). Such a person can of course have an experience that contains sounds.

In sum, "normal" is not needed for the conclusion and actually undermines #6. It should be deleted. Without "normal" the short argument in #6 would be more plausible.

Another, minor point. It is probably better to indicate explicitly in #6 that the last two combinations listed (1a and 2b, 1b and 2b) are cases of *auditory-mode* experiences. Otherwise #6 looks formally unconnected to #7. (Alternatively, the hidden premise mentioned later should be made explicit.)

2. There is still a serious problem of modality in this revised

argument.（The problem was there in the first version, but has not, I think, been dealt with.）#7 is a very striking claim. It is a claim of substantial necessity. But where does this necessity come from? #7, the author says, derives from ##4–6, together with the hidden premise mentioned later.（I will ignore the hidden premise here.）

Now #6, after deleting "normal", can perhaps be said to carry necessity in some sense. But if so, this is only a logical consequence of classification and can hardly be regarded as a substantial necessity.（If #6 carries a necessity, this necessity is completely "un-exciting". In contrast, #7 carries a substantial necessity, which is what makes it so "exciting".）So the necessity in #7 cannot come from #6.

But it cannot come from ##4–5 either, because #5 comes from #4 and #4 is only a claim of actuality, not of necessity. All that #4 really says is that *sometimes* people（do actually）have auditory-mode experiences, e. g., experiences describable as "It is dead silence all round". But of course this falls far short of revealing some NECESSARY feature of ALL experiences（as claimed in #7）.

Now, #5 might be interpreted in such a way as to carry necessity. That is, one might interpret its "有一部分" as amounting to "has as an inherent part or an intrinsic feature". Under this interpretation（call it #5N）, #7 does follow from #5N and #6. But the problem is that #5N no longer follows from #4. If the "有一部

分” in #5 is interpreted as “sometimes” or “in some cases”, then #5 does follow from #4. But then #7 does not follow from #5 and #6. On neither interpretation can one reach the conclusion #7. The argument does not seem to work.

作者回应

1. 感谢审稿人指出“正常”这个修饰词可能导致的歧义。我同意这一点，修改版中已经将“正常”删去，并按照最后一点建议对前提 6、7 做了修改（具体见下）。

2. “任何主观经验都必然包含听觉形态的经验”中的必然性说的是：只要是主观经验，都会有这样一个特征——包含听觉形态的经验。审稿人质疑这样一个“substantial necessity”从何而来，并认为它不可能来自前提 4。而这恰恰是我认为必然性来源的基础。我认为，如果我们接受“听觉形态经验”的定义（这也是“缺失亦感知原则”成立的主要原因），那么“‘听起来没有声音’的感觉是一种听觉形态的经验”就是一个概念上的真理，而不只是对某些“听起来没有声音”的感觉的描述。

我觉得审稿人的误解可能是由我在前提 1—3 中添加的“有一部分”这个限制语导致的。我当初之所以添加这个限制语，不是想说“没有听觉器官的主体的感觉经验”有时候是听觉形态的，有时候不是；而是出于这样一个考虑：主体的经验包含很多维度，不可能在任何维度上都在现象上等同于“听起来没有声音”的感觉，所以我只能说“有一部分”(但“这一部分”是必然包含听觉形态经验的)。我现在意识到这个限制语可能引起不必要的误解。因此，对前提 1—3 做了相应的改动（见下）。按照修改后的版本，我不再使用“有一部分”这样的限制语，而是采用“没有听觉器官的经验主体所感觉到的，包含与‘听起来没有声音’的感觉相同的现象”。这种包含是概念上“必然”包含。

当然，反对者可以质疑我对“听觉形态经验”的定义，但这不涉及论证本身的有效性。

修改后的论证如下：

1. 丧失了听觉功能的人所感觉到的，包含与身处死寂中的听觉正常的人所感觉到的（即“听起来没有声音”的感觉）相同的现象——无声。

2. 丧失了听觉功能的人所感觉到的，包含与没有听觉器官的经验主体所感觉到的相同的现象——无声。

3. 所以，没有听觉器官的经验主体所感觉到的，包含与“听起来没有声音”的感觉相同的现象——无声。

4. “听起来没有声音”的感觉是一种听觉形态的经验。

5. 所以，没有听觉器官的经验主体所感受到的也包含听觉形态的经验。

6. 任何主观经验要么是有听觉功能的经验主体的经验，要么是没有听觉功能的经验主体的经验；任何主观经验要么包含声音，要么不包含声音，即任何主观经验要么是（a）有听觉功能的经验主体的包含声音的经验，要么是（b）有听觉功能的经验主体不包含声音的经验，要么是（c）没有听觉功能的经验主体不包含声音的经验。

7. 依照定义，（a）也是一种听觉形态的经验；依照“缺失亦感知原则”，（b）也是一种听觉形态的经验；依照前提 5，（c）也包含听觉形态的经验。

8. 所以，任何主观经验都必然包含听觉形态的经验。

投稿指南

为何投稿

一、你的论文被《哲学评鉴》录用，不影响在其他学术期刊上发表——我们会充分尊重其他学术期刊的版权，等待你的论文在其他期刊正式发表后，再在线刊载你的论文，注明期刊发表信息。

二、《哲学评鉴》对论文字数不作要求，长短皆可，包括 6 000 字以下或 12 000 字以上的学术论文。

三、《哲学评鉴》平等对待一切投稿，包括本科生、硕士生的投稿。

四、无论你的论文是否被录用，你会获得同行在不知道你是谁的情况下对你论文的反馈——没有任何人情因素的反馈。

五、我们建议审稿人尽可能提供建设性反馈，有助于作者修改论文，或者有助于作者认识到最好放弃这篇论文。

六、如果你的论文被录用，我们不但会在线刊载你的论文，而且会刊载审稿人的审稿意见，让更多人了解同行如何积极地评价你的论文。我们也会在社交媒体进行转发，并在适合的情况下向他人推荐，使你的论文获得更大的可见度。此外，我们也会定期从已发表的论文中匿名投票选出一些优秀论文，列入《优秀论文》栏目。

七、如果我们跟一些学术期刊合作，将推荐被录用的论文给这些期刊（最终由期刊编辑决定，也尊重审稿人意见）。当然，如果你只打算在《哲学评鉴》发表，我们非常欢迎。

八、一旦你的论文被《哲学评鉴》录用，你将被列为《哲学评鉴》审稿人（如果你愿意）。

九、如果你的论文没有通过同行匿名评审，编辑和审稿人将永远不会知道你的身份，也保证不以任何形式盗用你的论文（请保留邮件投稿记录以及我们的收稿确认信）。

匿名评审

为尽可能避免学术发表中的偏见和人情，《哲学评鉴》实行三盲审稿制——在论文录用之前，责任编辑和审稿人都不会知道作者身份，作者也不会知道审稿人身份（《哲学评鉴》会尽量扩大审稿人范围）。如果论文被拒，责任编辑和审稿人永远不会知道作者身份。此外，我们将尽可能邀请同一小领域专家审稿，避免外行评审内行的论文。具体信息参见作者指南和审稿流程。

我们意识到同行匿名评审制度有一些弊端［比如一些原创性很高的好论文未必得到审稿人的赏识，但这属于英文说的“human error（人因失误）”，任何审稿制度都会有这个问题］，但与外行评审、非匿名评审相比，《哲学评鉴》更认可同行匿名评审。

作者指南

一、《哲学评鉴》自 2022 年 4 月起采用新的投稿系统：https://easychair.org/cfp/cpr2022。如果不熟悉此系统，可参考评鉴网站的投稿指南。（见 http://chinesephilreview.org/easychair_for_

cpr_authors.pdf）

投稿人在投稿时应提供两个文档：

一个文档提供投稿人信息，包括文章标题、姓名、工作单位（例如某某大学某某院系）以及电子邮箱。这些信息仅用于统计，不会泄露给责任编辑或审稿人。

另一个文档为匿名化处理的投稿论文，参考文献需在文末单独列出。

二、在投稿之前，确保论文适合盲审：没有部分或完整地公开发表过（可以是正在投某官方期刊，或被录用但尚不会在 3 个月内刊出），没有在文中透露或暗示任何身份信息（包括暗示自己是教授、留学生，在著名期刊发表过论文，等等）。

三、在投稿之前，确保论文符合学术论文的基本风格和格式。《哲学评鉴》只考虑研究性论文（research articles）和讨论（discussion notes）的投稿。综述和书评暂时只接受邀请稿（如果作者自荐，可先发个人简历给协调人）。论文领域不限，摘要不超过 500 字，关键词 3—5 个。关于参考文献，投稿时任何常见的格式（比如 MLA）都可以。录用后需要换成本刊要求的格式。关于字数，《哲学评鉴》不作要求，但建议在论题和论证需要的前提下尽可能精简。同时需要注意，文章越长，编委和审稿人对其学术重要性的相应期待和要求也就越高。

四、在录用之前，请作者与编辑助理联系一切稿件相关事宜，不要与责任编辑直接联系，以尽可能避免责任编辑带着偏见处理稿件。

五、收到审稿意见后，如果作者觉得审稿人对自己的论文有粗暴的误解，可逐条详细反驳。如果责任编辑觉得反驳合理，将找第三个审稿人评审。如果作者对第三个审稿人的审稿意见仍然不满，责任编辑将遵循国际学术期刊审稿惯例，不再处理，请理解。（作者觉得审稿人没有读懂论文，是常见现象。这不一定意味着审稿人对论文有误解，也可能是因为作者表述不清楚，或表述虽然清楚，但没有准确地表达自己想要表达的意思。）

六、如果作者在投稿后 48 小时内没有收到投稿确认信，或者在投稿 10 天内没有收到初审决定，或者在收到确认信后 70 天（涵盖初审 + 外审）内没有收到编辑部决定，请及时邮件联系编辑助理。如果编辑助理在 24 小时内没有回复，请直接联系协调人。

七、录用之后，请作者按照《哲学评鉴》要求对论文进行校对。

八、以上几条适用于《哲学评鉴》所有编辑和审稿人。责任编辑（每个编辑每次轮值 3 个月，至少隔 6 个月才会轮值一次）在轮值时不得投稿，不能以任何方式处理自己的稿子（每篇录用的稿子都会注明责任编辑的姓名，以防止编辑刊发自己的论文）。

审稿流程

一、收稿后，编辑助理需要在 48 小时内做 4 件事：对稿件进行编号和存档；给作者手动发确认信（非邮箱自动回复），告知稿件编号；如果稿件没有匿名，发回请作者重新处理；确认稿件匿名后，编辑助理将带编号的稿子发给责任编辑。

二、责任编辑收稿后进行初审。初审时必须回避知道作者身份的稿子，改由另一个责任编辑处理。如稿件没有通过初审，责任编辑需要简单说明退稿理由，发给编辑助理，由编辑助理转发给作者。

三、通过初审后，责任编辑将找到 2 个论文相关领域的审稿人进行审稿。如果审稿人知道作者身份，必须拒绝审稿。

四、外审的审稿期限为2个月。第55天，责任编辑会向审稿人发送提醒。有时候审稿人可能需要更长时间。在这种情况下，审稿人需要在截止日期之前告知编辑。

五、审稿结束后，审稿人向责任编辑提交审稿意见，并做出个人建议：录用、有条件录用、小修、大修、拒稿。《哲学评鉴》建议审稿人即使认为论文达不到发表要求，也要尽可能向作者提供如何改进论文的建议（这会有助于年轻的作者）。如果建议录用，审稿人需要简单解释为什么如此建议（主要是说明这篇论文的风格优点和实质贡献）。这个解释将随论文一起发表（审稿人自己决定是否实名发表审稿意见）。

六、责任编辑根据审稿意见做出决定（录用、有条件录用、小修、大修、拒稿），并告知编辑助理。编辑助理转告作者。

图书在版编目(CIP)数据

哲学评鉴 ：认知、结构与规范 /《哲学评鉴》编辑委员会编 .— 上海 ：上海社会科学院出版社，2022
ISBN 978-7-5520-3989-4

Ⅰ.①哲… Ⅱ.①哲… Ⅲ.①哲学—研究 Ⅳ.①B0

中国版本图书馆 CIP 数据核字(2022)第 196709 号

哲学评鉴
——认知、结构与规范

编　　者：《哲学评鉴》编辑委员会
出 品 人：佘　凌
责任编辑：包纯睿
封面设计：周清华
出版发行：上海社会科学院出版社
上海顺昌路 622 号　邮编 200025
电话总机 021-63315947　销售热线 021-53063735
http://www.sassp.cn　E-mail:sassp@sassp.cn
照　　排：南京理工出版信息技术有限公司
印　　刷：上海颛辉印刷厂有限公司
开　　本：890 毫米×1240 毫米　1/32
印　　张：8.25
字　　数：200 千
版　　次：2022 年 12 月第 1 版　2022 年 12 月第 1 次印刷

ISBN 978-7-5520-3989-4/B·327　　定价：58.00 元